4차 산업혁명
시대를
대비하는

꿈꾸는
미래
진로독서❸

꿈꾸는 미래 진로독서 3

초판 인세 | 2018년 11월 20일
초판 발행 | 2018년 11월 26일

지 은 이 | 고주원 · 구자경 · 김정규 · 오여진 · 유연숙 · 정진희 · 최은녕 · 황초희
펴 낸 이 | 정봉선
편 집 장 | 황인옥

펴 낸 곳 | 정인출판사
주   소 | 서울시 동대문구 천호대로 16가길 4
전   화 | (02)922-1334
팩   스 | (02)925-1334
홈페이지 | www.pjbook.com
이 메 일 | junginbook@naver.com

등   록 | 제303-1999-000058호
ISBN | 979-11-88239-10-8 (43370)

* 책값은 뒤표지에 있습니다.

4차 산업혁명
시대를
대비하는

꿈꾸는
미래
진로독서 ❸

고주원, 구자경, 김정규, 오여진
유연숙, 정진희, 최은녕, 황초희 지음

정인출판사

목 차

책과 함께 시작하는 새로운 비상

1. 책 속에 있는 길을 찾아서

책을 읽는다는 것은 이미 자신의 삶과 연계 되어있는 진로탐색 행위일 것입니다. 자신의 삶을 의미 있고 성공으로 가꾸며 행복한 삶을 사는 사람들은 이렇게 말하곤 합니다. "내 인생을 바꾼 한 권의 책이 있었고, 그 책 속에서 길을 찾게 되었다"라고.

〈내 인생을 바꾼 한 권의 책〉을 보면 동기부여 연설가이자 작가인 찰스 존스도 "두 가지에서 영향 받지 않는다면 우리 인생은 5년이 지나도 지금과 똑같을 것이다. 그 두 가지란 우리가 만나는 사람과 읽는 책이다."라고 말했습니다. 책 속 48명 저자들의 주요 메시지 또한 책이 자신의 인생을 바꾸는 계기와 동기가 되었다고 말합니다. 삶 속에서 접하는 여러 환경적인 요인들이나 여러 다양한 매체들, 여행, 멘토와의 만남, 기타 요인으로도 인생의 변화를 가져올 수 있겠지만, 독서를 통한 변화의 전환점은 일시적인 것이 아니고 지속적이며 일관성과 진정성을 담보하고 있다고 말할 수 있습니다.

독서를 한다는 것은 삶 읽기 과정입니다. 텍스트를 읽어낸다는 것은 독자 스스로 내적 사고나 내면을 향한 자기성찰을 병행하는 것입니다. 독자는 책을 통해 삶의 맥락 속에서 다양한 텍스트를 통해 실제 경험 해 보지 못한 현상들을 간접적으로 체험하고 작가가 작품을 통해 설정한 삶의 모

8

습들을 탐색하며 책을 통한 의사소통을 합니다. 청소년 독자들에게 있어서 진로관련 독서활동은 긍정적 자아정체감을 형성시켜주고 책 속 다양한 삶의 경험들을 통해 적극적인 진로탐색이 가능하도록 도움을 줍니다.

구글 선정 세계 최고의 미래학자이며 미래학 싱크탱크 다빈치 연구소장인 토마스 프레이는 2030년까지 20억 개의 일자리가 사라지고, 더 이상 예측할 수 없는 미래가 온다고 말합니다. 이러한 미래 사회의 변화에 학생들이 능동적으로 대응하기 위한 진로교육이 필요합니다. 학생들은 다가오는 사회에 적응하고 자신의 삶을 주도적으로 이끌어 갈 수 있는 다양하고 새로운 발상전환이 가능한 사고력 증진이 필요합니다. 이를 위해 진로정보를 통한 진로탐색 활동이 활발하게 이루어져야 합니다. 그 중 독서를 기반으로 한 자기이해와 진로와 관련된 내용을 다루는 독서를 통한 자기 주도적 진로탐색이 우선되어야 할 것입니다.

진로독서는 자기성찰, 직업세계의 이해, 진로탐색, 자기주도적 진로디자인 및 직업 준비 등에 직·간접적으로 많은 도움을 줍니다. 진로는 변화하는 불확실한 세계와 불안정한 미래를 대비해서 전공이나 일을 통해 삶의 방식을 결정하고 만들어 가는 과정입니다. 2015 개정 교육과정은 현행 교육과정(2009 개정 교육과정)이 추구하는 인간상을 기초로 하여 사회가 요구하는 핵심역량을 갖춘 '창의융합형 인재'상을 제시하고 있습니다. 창의융합형 인재는 인문학적 상상력과 과학기술 창조력을 갖추고 바른 인성을 겸비하여 새로운 지식을 창조하고 다양한 지식을 융합하여 새로운 가치를 창출할 수 있는 사람을 말합니다.

곧 다가올 미래는 우리가 지금까지 지내왔던 삶의 방식들이 기술 혁명을 통해 근본적으로 바뀌게 되는 제4차 산업혁명 시대입니다. 4차 산업혁명은 미래의 일이 아니라 지금도 우리의 생각보다 훨씬 빠르게 생활 곳곳에 뿌리 내리고 있습니다. 인공지능, 로봇공학, 사물인터넷을 필두로 자율주행차량, 3D프린팅, 나노기술, 바이오기술 등 4차 산업혁명을 이끄는 신기술이 점점 보편화되고 있습니다. 이러한 시대 변화 속에서 더욱 중요시되는 것은 성적이나 학벌중심에서 벗어나 개개인이 가진 역량이 극대화되고 자신의 고유한 특성이 반영되는 진로교육이 되어야합니다. 더불어서 인문학적 소양과 올바른 가치관 형성을 통해 새로운 가치를 창출하는 공동체성을 갖추도록 해야 합니다.

개인의 발전만을 위한 개인적인 한계에서 벗어나 자신이 사회 변화의 주체가 되고 인류사회에 공헌할 수 있는 공동체적 가치관 형성을 위한 책을 통한 진로 교육이 이루어져야 합니다.

2. 진로와 독서의 만남

교육부는 진로교육의 최종목표를 '학생 자신의 진로를 창의적으로 개발하고 지속적으로 발전시켜 성숙한 민주시민으로서 행복한 삶을 살아갈 수 있는 역량개발'이라고 제시하고 있습니다. 인간은 각자 고유한 특성을 지니고 태어납니다. 각자의 고유성은 자신의 창조적인 삶을 영위할 수 있도록 개발되어야 하고, 변화하는 미래 직업 세계에서 새로운 직업을 창조해 낼 수 있는 원동력이 되어야 합니다. 따라서 진로교육은 독서를 통한 진로탐색 활동으로 학생들이 행복한 삶을 영위할 수 있도록 설계되어야 합니다.

100명의 아이들을 한 방향으로 뛰게 하면 1등은 한 명밖에 나오지 않지만, 100명의 아이들을 자신이 뛰고 싶은 방향으로 뛰게 하면 모두가 1

등이 될 수 있습니다. 자신의 고유한 특성을 탐색하고 발견하여 각자의 영역을 향해 힘껏 뛰어갈 수 있도록 하는 것이 행복한 미래를 위한 진로교육일 것입니다. 학교 현장의 진로교육은 여전히 상급학교 진로진학에 치우쳐 있는 것이 현실입니다. 미래 사회의 직업은 다변화, 세분화, 전문화되고 있음에도 불구하고 아직까지 학생들은 자신의 적성과 흥미가 고려되지 않은 진로진학에 얽매여 있습니다. 이는 부모나 학교의 관심과 욕구가 우리 학생들의 행복한 진로 선택에 걸림돌이 되고 있으며, 경제적으로 안정적인 직업군을 선택하도록 강요당하는 현실에 내몰리고 있기 때문입니다. 이러한 문제점은 자신의 고유한 특성을 살릴 수 없는 경쟁적 구조의 학교교육 현실이 초래한 결과로도 볼 수 있습니다.

모든 학교급별 진로교육의 목표는 자기이해, 일과 직업세계의 이해, 진로탐색, 진로디자인과 준비입니다. 이러한 네 가지 핵심영역을 학습하면서 꿈과 끼를 마음껏 발산하며 미래 사회에 대응하는 진로교육이 되어야 우리 학생들이 미래 사회의 행복한 주인공이 될 수 있을 것입니다.

진로교육은 일반적으로 자기이해, 일과 직업 세계의 이해, 진로 탐색, 진로 디자인과 준비의 단계로 진행되고 있으며, 각 단계마다 도서를 연계한 진로독서 교육은 진로교육이 실제적이고 지속적으로 진행되도록 하는 데 도움을 줍니다. 이러한 진로독서 프로그램은 적절한 진로연계 도서목록을 제시할 수 있어야 효과적으로 전개할 수 있습니다.

진로독서 교육은 진로교육을 이행하기 위한 자기이해, 직업세계의 이해, 진로정보의 탐색, 진로 준비 및 계획 등을 위한 내용으로 구성된 독서자료의 선정이 중요합니다. 따라서 진로독서 교육은 진로교육의 지도 내용을 담고 있는 도서를 통해 진로교육의 목적을 달성하기 위한 진로와 독서와의 만남이라고 할 수 있습니다.

진로독서의 대상도서는 진로교육 목표와 성취기준인 자기이해, 일과 직업세계의 이해, 진로탐색, 그리고 진로 디자인과 준비의 4개 핵심 영역을 다루는 진로관련 도서를 말합니다.

진로 비전도서는 책을 읽어가면서 진로교육의 출발인 자기 이해와 자기 발견 즉, 자아정체감, 자아존중감 등 자신의 고유한 특성을 이해하고 발견할 수 있는 독후활동이 가능한 도서를 말합니다. 독자의 시각에서 책과 소통하면서 '나'를 이해하고 직업의 가치관 및 자아정체성을 발견할 수 있으며, 나아가 직업 멘토들의 이야기를 직·간접적으로 체험하여 자신의 진로에 대한 비전과 직업의 가치와 비전을 발견할 수 있도록 돕는 도서를 말합니다.

1) 책 속 인물의 삶을 통해 꿈과 비전을 찾을 수 있는 도서
2) 자기 이해와 자신의 고유한 특성을 찾아 갈 수 있는 도서
3) 책을 통해 직업의 의미, 직업 가치관으로 수렴, 확산이 가능한 도서
4) 직업 멘토의 이야기를 통해 진로에 대한 내적동기를 강화할 수 있는 도서

진로 탐색도서는 다양하고 방대한 직업에 대한 정보를 텍스트로 담고 있는 책을 읽으며 자신의 진로에 대한 진로 로드맵을 위한 독후활동이 가능한 도서를 말합니다. 진로 탐색도서는 직업 세계에 대한 이해와 직업 준비과정들이 포함된 진로진학 정보 및 직업정보에 대한 내용들을 다루는 독서 자료를 말합니다.

1) 진로에 필요한 다양한 정보를 다룬 도서

2) 직업정보 탐색 및 분석이 가능한 도서

3) 다양한 직업세계와 미래 직업세계의 전망이 가능한 도서

4) 진로진학 관련 정보를 내용으로 담고 있는 도서

3. 꿈꾸는 미래 진로독서 이야기

학교 독서교육은 교양독서, 교과독서, 진로독서의 세 영역으로 구성할 수 있습니다. 교양독서는 교과와 특별한 관련이 없으나 학생들의 정서 함양 및 지적 만족을 위한 독서를 말하고, 교과독서는 국어 · 수학 · 사회 · 과학 · 예술 등의 교과교육과 관련되는 내용의 독서를 말합니다. 그리고 진로독서는 학생의 흥미, 적성, 소질, 진로 탐색을 위한 독서를 의미합니다.

앞으로 독서교육을 활성화하고, 도서관 활용 독서교육과 교과연계 독서교육이 정착되기 위해서는 위 세 영역의 독서교육이 자리 잡아야 합니다. 그리고 학생들의 꿈과 끼를 키우는 독서교육을 위해서도 진로독서를 포함한 독서교육의 인식 전환이 필요합니다. 우리 아이들이 행복하게 미래를 설계하도록 돕고 글로벌 시대를 대비하는 미래 인재로 육성하기 위해서도 진로독서는 더욱 중요합니다.

독서교육의 영역을 교양독서, 교과독서, 진로독서의 세 영역으로 구분하고 특성화하는 것은 고등학교뿐만이 아니라 초등과 중학의 모든 학교 독서교육 활성화에도 적용 가능하다고 봅니다. 그러나 학생의 발달과 학교급의 차이를 고려하여 초등학교에서는 교양독서를 강조하고 중학교에서는 교과독서를, 그리고 고등학교에서는 진로독서를 강조할 수도 있습니다.

최근 진로독서가 교육계의 새로운 화두로 떠오르고 있습니다. 우리 (사)전국독서새물결모임에서도 초 · 중 · 고 모든 학교 학생들에게 필요한 〈진로독서 가이드북〉을 연구 · 개발 · 출판하여 학위논문 등에 인용되는 등 좋은 반응을 받은 바 있습니다. 한국표준직업분류와 국제분류기준을 반영하여 세세분류 1,206가지 중, 52개의 중분류를 기준으로 각 직업군을 분류하고, 교육과정의 교과정보에 맞춰 학생들의 발달 단계에 적절한 책을 선정하였습니다. 그리고 진로토론 등 진로에 대한 다양한 발문을 개발하여 진로교육을 돕는 책으로 개발하였습니다.

이어 〈진로독서 워크북〉을 출판, 자유학기제에 대비한 진로독서교육 프로그램을 개발하여 대한민국 각급학교 진로교육에 크게 기여하였습니다. 진로독서 워크북은 크게 9개 직업군으로 구성되었습니다. 각 직업군은 스스로 알아보는 진로지수로 시작하여 직업군에 따른 진로도서 3권에 대해 각각의 독서 활동을 워크북 형태로 다양하게 수록하였습니다. 특히 (사)전국독서새물결모임에서 개발한 이야기식 독서토론의 진행 방식을 원용하여 1단계는 배경지식에 관한 발문을, 2단계는 책 속에서 독후 활동을 겸한 진로 찾기 발문을, 3단계에서는 책 밖에서 진로 찾기 발문을 순서대로 수록하였습니다. 각 직업군별로 세 권의 독서를 통한 진로 찾기를 끝내면, 마지막 단계는 인터뷰와 현장 체험 등의 진로 탐색 활동을 체험해 볼 수 있는 자료를 수록하였습니다. 직업군별로 3권의 책이 소개되었으며 그중 학생이 원하고 선생님이 필요하다고 생각되는 1권의 책을 선정하여 그 책을 중심으로 활용 할 수도 있습니다. 직업군 선택 역시 현재 학생이 원하는 직업군이면 더없이 좋을 것이고 희망하는 직업군은 아니지만 관심이 있는 학생이라도 같은 직업군의 모둠원이 되어 진로독서 활동을 하다보면 그 직업에 대해 깊이 이해하게 되고 더 적극적으로 직업을 탐색해 보는 기회를 갖게 될 것입니다.

이번에 마지막 단계로 〈진로독서 단행본〉 시리즈를 발행하게 되었습니다. 〈진로독서 가이드북〉을 통해 직업군별 도서를 개발하고 〈진로독서 워크북〉에서 제시한 대상 도서를 통해 진로와 직업을 탐구하는 개별 활동을 지원하였습니다. 이제 〈진로독서 단행본〉을 시리즈로 개발하여 우리 아이들이 살아갈 미래를 대비하는 재미있고 행복한 책을 만들고자 하였습니다.

행복한 미래를 위한 〈진로독서 단행본〉 시리즈는 먼저 〈진로독서 가이드북〉에서 언급된 직업군 중에서 우리 자녀들이 살아갈 20-30년 후의 미래 사회에 필요한 미래 직업군을 추출하였습니다. 그 후, 미래 직업군별로 알맞은 책을 선정하는 작업을 실시하였습니다. 이 과정이 이번 출판 연구 활동의 고비였습니다. 미래 직업이다 보니 관련 도서가 많지 않고 아예 관련 도서가 없는 직업군도 있었습니다. 그래서 미래 직업군별로 초등용, 중등용 1권의 도서를 선정하여 활동을 안내하고 1개의 매체 자료를 통해 미래 직업을 탐색해 보도록 하였습니다. 이러한 진로독서 활동을 통해 관련 진로탐색 활동이 좀 더 구체적이고 연중 지속 가능하게 하였습니다.

〈꿈꾸는 미래 진로독서〉 3편은 미래의 직업 이야기를 중심으로 아래와 같이 디자인하여 구성하였습니다.

1. '어떤 직업일까'은 직업에 관련한 재미있는 이야기거리와 직업에 관한 기본적인 정보를 소개하였습니다.
2. '누구에게 어울릴까'에서는 흥미와 적성을 알아보고, 그 직업의 현황과 전망에 관해 살펴보도록 구성하였습니다.
3. '진로독서 함께 해요'에서 진로독서 활동은 두 권의 직업군 관련

도서를 활용한 독후활동으로 3단계 이야기식 진로독서 활동, 진로독서 토론, 진로독서 논술로 구성하였습니다. 그리고 다양한 매체 및 인터뷰 내용을 담아 직업에 관한 생각거리를 제공하였습니다.

4. '미래를 여는 진로탐색'에서는 직업 옆에 직업이 존재하듯이 4개 정도의 유사 직업군에 관한 직업정보를 안내하고 있으며, 관련 단체 및 기관을 소개하여 직업정보에 대한 폭넓은 접근 기회를 제공하고 있습니다.

진로독서는 자신의 흥미와 적성은 무엇인지? 무엇을 하고 싶어 하는지? 또 무엇을 잘하는지? 잘 알고 있는 것과 모르는 것은 무엇인지? 책을 통해 알게 되고 깊이 있게 자신에 대해서 성찰할 수 있는 자기 주도적 의사소통 행위입니다.

몇 년 전 지방의 작은 중학교에서 진로독서 프로그램을 진행할 때의 일입니다. 중학교 1학생 남학생 그룹들은 늘 체육복을 입고 다녔고 교복을 제대로 입은 모습은 1년이 다가도록 보지 못했던 학생들이 있었습니다. 그 학생들은 홀랜드 유형에서 현실형 유형의 학생들이었고, 책은 초등학교 때도 제대로 읽어본 경험이 없던 학생들이었습니다. 그런데 자신들의 진로와 직업군과 관련된 책을 선정해서 읽도록 했을 때에는 놀라운 일이 일어났습니다. 지금까지 만화책을 제외하고 끝까지 책을 읽어본 적이 없었다고 말하며 관련된 책들을 도서관에서 읽기 시작하였습니다. 이렇듯 자신의 흥미와 적성에 맞는 도서를 선택하여 읽고 관심 있는 멘토를 책을 통해서 만나고, 자신이 꿈꾸는 미래의 직업 정보에 대한 정보도 책을 통해서 알게 되었습니다.

진로독서는 자기이해와 자기효능감, 직업정보, 직업인 특강, 직업체험, 진로상담 등과 관련한 많은 프로그램들이 독서를 통해 개발되어 진행되고 있습니다. 진로독서 탐색활동은 자기 자신에 대한 이해를 극대화할 수 있는 가장 큰 장점이 있습니다. 자기성찰과 자신의 고유한 특성을 찾을 수 있는 진로독서활동이 활성화 된다면 학생들은 자신의 흥미와 관심에 집중하는 진로독서 탐색행위로 발전할 것입니다. 진로독서를 통한 진로교육은 학생들에게 책을 통한 진로탐색 활동으로 자기 주도적인 행복한 삶을 영위할 수 있도록 도와줄 것입니다.

멀지않은 미래에 자신의 진로에 도움을 주었고, 지금의 자신이 있을 수 있었던 동기가 되어준 한권의 책을 찾을 수 있기를 진심으로 바랍니다.

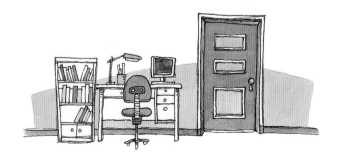

1장

익스트림 스피치 가이드

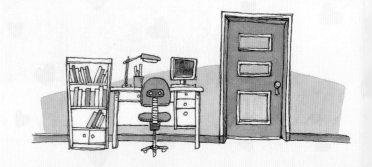

익스트림 스포츠 가이드는

익스트림 스포츠를 즐기는 방법에 대해 안내하는 역할을 하거나 각 스포츠를 즐기는 데 필요한 동작 및 기술을 익힐 수 있도록 훈련을 하고 적절한 장비를 소개해 자신에게 알맞은 장비를 구매를 할 수 있도록 도와주는 사람입니다.

직업 관련 재미있는 이야기

〈하늘을 날고, 물 위를 날고, 영화 속 장면을 현실에서 실현할 수 있을까요?〉

어디 한번 도전해 볼까?

감독: 에릭슨 코어　　　　　　　　　　　　　　　　개봉: 2015 미국
출연: 루크 브레이시, 에드가 라미레즈, 레이 윈스턴, 테레사 팔머　평점: ★★★☆☆

〈사진 출처: https://blog.naver.com/ppoby1004〉

'포인트 브레이크'는 2015년에 개봉된 익스트림 스포츠 영화입니다.

어느 날 인도 초고층 빌딩에서 천만 캐럿 다이아몬드 도난 사건, 멕시코 상공에서 미국 현찰 수송기 납치 사건 등이 일어납니다. 주인공이 범인들을 잡는 과정에서 가파른 협곡에서의 래프팅, 에베레스트 산에서의 점핑, 스카이 다이빙, 윙슈트 플라잉, 락 클라이밍, 산악 모터 크로스, 파도 타기 등의 아슬아슬하고 짜릿한 익스트림 스포츠들을 만날 수 있습니다. 여러분도 영화 속 장면처럼 익스트림 스포츠를 즐기고 싶나요? 이런 익스트림 스포츠는 매우 위험하기 때문에 전문가의 도움이 필요합니다. 여러분들이 익스트림 스포츠를 경험해 볼 수 있도록 돕는 익스트림 스포츠 가이드에 대해 알아볼까요?

익스트림 스포츠 가이드란?

사람들은 주말이 되면 친구나 가족들과 함께 다양한 스포츠를 즐깁니다. 아이들은 날씨가 따뜻한 봄이 되면 스케이트보드나 자전거를 타고 한 강변을 달리기도 합니다. 여름이 되면 바닷가에서 서핑을 즐기거나 계곡에서 래프팅을 하고 겨울이 오면 스키, 스노우보드 등을 타면서 추운 겨울을 신나게 보냅니다. 여러분은 어떤 스포츠를 경험해 봤나요? 여러분은 이미 생활 속에서 다양한 익스트림 스포츠를 즐기고 있습니다. 또한, 동계 올림픽에서 가슴 졸이며 보았던 스키점프, 스켈레톤, 프리스타일 스키 등도 익스트림 스포츠 입니다.

'익스트림 스포츠(extreme sports)'는 스피드와 스릴을 만끽하며 여러 가지 묘기를 펼치는 신종 모험 레포츠를 말합니다. 익스트림 스포츠를 부르는 이름은 다양합니다. 'Extreme(극한)'의 X를 따서 'X게임'이라고도 하며, '익스트림 게임', '모험 레포츠' 등으로 불리기도 합니다. 익스트림 스포츠는 1970년대 스케이트보드와 롤러스케이팅 등 도시 청소년들이 즐기던 놀이 문화에서 시작되었는데, 1990년대 미국 스포츠 전문 케이블 TV인 ESPN이 처음으로 'X게임'이라는 제목의 프로그램을 제작하면서 본격적으로 보급되었다고 합니다.

청소년들이 많이 타는 스케이트보드와 롤러스케이팅은 점차 종류도 다양해지고 타는 방법에 대한 고난도의 기술들도 개발되고 있습니다. 최근에는 장비와 기술이 발전함에 따라 특수 제작된 슈트를 입고 하늘을 나는 윙슈트 플라잉과 물과 하늘을 이용한 워터 제트팩과 같은 새로운 종목들이 늘어나고 있습니다. 자신과 자연의 한계를 극복해야 하는 극한 스포츠임에도 불구하고, 고난도의 기술에 대한 도전정신을 기르고 짜릿한 스릴을 맛볼 수 있기 때문에 익스트림 스포츠를 즐기는 사람들은 점점 늘어나고 있습니다. 특히, 스케이트보드, 인라인 스케이팅, BMX(자전거 묘기), 웨이크보드 등의 유행과 함께 전 세계의 젊은이들을 중심으로 창의적이고 도전적인 익스트림 스포츠를 즐기는 경향이 점점 강해지고 있습니다. 요즘에는 IT기술과 증강현실 기술이 발전함에 따라 익스트림 스포츠를 간접적으로 체험할 수도 있게 되었습니다. 하지만 대부분의 사람들은 간접 체험보다는 직접 체험을 더 선호합니다. 사람들이 도전정신을 앞세워 펼치는 갖가지 묘기는 심각한 신체 부상이나 심지어는 생명의 위험이 따르기 때문에 익스트림 스포츠를 즐기기 위해서는 철저한 건강관리와 과학적 분석, 강인한 정신력이 필요합니다. 무엇보다 무작정 하면서 몸으로 익히려고 하기보다는 전문가를 통한 철저한 교육과 연습을 통해 안전하게 시작해야 합니다.

'익스트림 스포츠 가이드'는 익스트림 스포츠를 배우고자 하는 일반인들이 안전하게 즐길 수 있도록 돕는 역할을 하는 익스트림 스포츠의 전문가를 말합니다. 익스트림 스포츠 가이드는 익스트림 스포츠를 즐기는 방법에 대해 안내하는 역할을 하거나 사람들이 각 스포츠를 즐기는 데 필요한 동작 및 기술을 익힐 수 있도록 교육을 하고 적절한 장비를 소개해 자신에게 알맞은 장비를 구매 할 수 있도록 도와줍니다. 또한, 스포츠 장비를 유지보수하고 점검하는 일을 하기도 하고, 새로운 스포츠 정보를 수집하여 사람들에게 알려 주는 역할을 하기도 합니다.

훈련과정 및 자격

익스트림 스포츠 가이드가 되기 위해서는 우선 자신이 익스트림 스포츠를 즐겨야 합니다. 사람들을 가르치기 위해서는 자신이 먼저 익스트림 스포츠의 기술들을 익히고 안전하게 즐기는 방법 등을 알고 있어야 하기 때문입니다. 고난도의 기술을 익히고 한계를 뛰어넘기 위해 끝없이 노력해야 하기 때문에 강인한 체력과 민첩성, 인내력, 의사소통 능력 등을 가지고 있어야 하며 무엇보다 모험을 즐길 수 있어야 합니다.

관련학과는 체육학, 사회체육학 전공이 유리하지만 학력에 제한이 있지는 않습니다. 무엇보다 어려서부터 모험을 즐기고 다양한 스포츠를 즐겨서 몸에 운동신경을 기른 사람들, 새로운 도전을 두려워하지 않는 사람들이 하기에 적합합니다.

현재 자격증은 민간자격증과 국가 자격증이 있는데 각 분야별로 자격증이 나뉘어져 있기 때문에 자신이 잘하는 종목을 선택하여 자격증을 취득하면 전문 익스트림 스포츠 가이드로 활동할 수 있습니다. 몇 가지 예를 들면 다음과 같습니다.

국민체육진흥공단에서는 다양한 시험을 통해 '1급 전문 스포츠 가이드'와 54개 종목의 '전문 스포츠 지도사' 등 여러 종목과 다양한 대상에 대한 스포츠 전문가를 양성하고 있습니다. 동계올림픽 등을 통해 알려진 루지, 봅슬레이, 스켈레톤, 바이애슬론 등의 새로운 종목들에 대한 자격증도 생겨나고 있습니다.

패러글라이딩 가이드는 대한체육회 산하 대한패러글라이딩협회에서 발급되는 민간 자격증과 교통관리공단에서 발급되는 국가자격증이 있는데 개인 비행자와 2인승(텐덤) 자격증으로 나뉘고 영리일 경우에는 국가공인 자격증을 취득해야 합니다.

자격증 취득을 위해서는 동영상을 이용한 시청각 교육을 받고 모형 기구를 이용한 조종방법(비행원리, 비행규칙, 안전수칙, 장비소개, 공중동작, 이·착륙요령)을 익힌 뒤 국가 공인 2인승 소종사와 함께 이륙 후 조종술 및 착륙 실습을 하게 됩니다

래프팅 가이드는 자격증을 발급할 수 있는 기관에서 일정기간의 교육을 받고, 필기시험을 치른 뒤 기초체력 (팔굽혀펴기, 윗몸일으키기, 50미터 왕복4회), 급류수영, 로우프투척, 보트 전원복(배를 개인이 혼자 뒤집고 다시 그 배위로 올라와서 다시 원상태를 만드는 것), 급류 조종술의 5가지 기술검정을 받으면 래프팅 가이드가 될 수 있습니다. 가이드자격증이 발급돼서 4년이 지나면 강사 자격증을 취득할 수가 있고, 3년이 지나 7년째가 되었을 때는 전임강사 자격증을 취득할 수 있습니다. 현재 자격증 발급기관은 대한래프팅협회, 대한카누연맹, 해양소년단, YMCA, 적십자사 등 국내에 7개 기관이 있습니다.

02 누구에게 어울릴까

흥미와 적성

눈 덮힌 가파른 산비탈에서 눈보라를 일으키며 스노보드를 타고 내려오는 사람, 푸른 창공에서 바람을 타고 이리저리 날아다니며 패러글라이딩을 즐기는 사람, 아슬아슬 얼음 빙벽을 오르는 사람, 이런 사람들을 보면 어떤 기분이 드나요? '왜 위험하게 저런 짓을 할까?'라는 생각이 드나요? '정말 멋있다.' '나도 해보고 싶다.'라는 생각이 드시나요? 익스트림 스포츠는 어떤 사람에게는 두려움이지만 어떤 사람에게는 보는 것만으로도 짜릿한 기분을 느껴 삶의 활력을 불어넣어 주기도 합니다.

익스트림 스포츠는 육체와 정신의 한계를 뛰어넘는 어렵고 힘든 스포츠이기 때문에 익스트림 스포츠 가이드를 하려는 사람은 무엇보다 두려움을 이겨내고 도전과 모험 정신으로 익스트림 스포츠를 즐기는 사람이어야 합니다. 여러 스포츠를 통해 단련된 강인한 체력과 유연성, 민첩성이 있어야 하고 어렵고 힘들더라도 끝까지 해내는 열정과 끈기가 있어야 합니다. 또한, 익스트림 스포츠를 즐기려면 안전을 최우선으로 생각하는 자세를 가지고 고난도 기술에 도전할 때의 위험성을 최대한 줄여야 합니다. 그러기 위해서는 자신에게 맞는 수준부터 차근차근 도전하고, 철저한 자기 관찰과 과학적인 분석을 통해서 자신의 문제점이 무엇인지 파악해야 합니다. 그 후 문제점을 보완하기 위해 끊임없는 연습을 통해 실력을 향상시킨 후 고난도 기술에 도전해야 합니다. 익스트림 스포츠는 짧은 순간이라도 방심을 하면 크게 부상을 입거나 생명의 위험을 초래할 수도 있기 때문에 극한 상황에서도 흔들리지 않는 집중력과 과감한 결단력, 긍정적인 사고는 익스트림 스포츠 가이드에게 꼭 필요한 요소입니다. 사람들은 익스트림 스포츠를 즐기고 싶어 도전했다가 두려움으로 실수를 해서 부상을 당하는 경우가 종종 있습니다. 반대로 너무 자만하여 안전수칙을 무시하고 즐기다가 더 큰 위험에 빠지기도 합니다. 익스트림 스포츠 가이드는 이러한 여러 유형의 사람들에게 방법을 설명하고 안전하게 모험을 즐길 수 있도록 도와주는 역할을 해야 하므로 의사소통 능력이 꼭 필요합니다. 이처럼 익스트림 스포츠 가이드는 육체와 정신면에서 다양한 요소가 필요한 직업입니다.

익스트림 스포츠 가이드의 현재 모습

현대 사회는 빠르게 변화하고 있고, 미래를 예측하기 힘든 상황입니다. 미래 변화에 대한 불안을 해소하고 현재의 삶을 즐기기 위해 좀 더 특별한 경험을 선호하는 '욜로(YOLO · You Only Live Once)족'들이 늘어나면서 서핑, 스카이다이빙 등 익스트림 스포츠를 즐기는 사람들이 늘고 있습니다. 인라인 스케이트와 스케이트 보드, 스노우보드 등은 대중적인 스포츠가 되었고, 스카이서핑이나 BMX(묘기자전거), 카이트보드와 같이 새로운 종목이 생겨나고 있습니다. 예전에는 먼저 경험을 하고 기술을 익힌 사람들이 동호회 등을 만들어 함께 스포츠를 즐기면서 새로 배우려고 하는 사람들에게 기술을 알려 주었습니다. 하지만 고난도 기술에 대한 무모한 도전이 잦은 안전사고로 이어지자 사람들은 좀 더 안전하게 익스트림 스포츠를 즐기기 위해서는 전문가의 도움을 받는 것이 좋다고 생각하게 되었습니다.

이렇게 익스트림 스포츠의 종류가 많아지고 안전에 대한 욕구가 높아지면서 익스트림 스포츠 가이드에 대한 수요는 점점 늘어나는 추세입니다. 아직 스케이트보드나 인라인스케이트, MTB 등은 동호회를 통한 교육이 이루어지고 있지만, 스키나 스노우보드 등은 어린이들을 위한 전문 강습을 원하는 사람들이 많아져서 스키강사나 스노우보드 강사에 대한 수요가 늘고 있습니다. 또한, 스쿠버 다이빙이나 서핑을 즐기는 사람들이 늘면서 해양스포츠에 대한 스포츠가이드도 많이 필요로 하고 있고, 패러글라이딩이나 행글라이더에 대한 가이드의 수요도 증가하고 있습니다. 익스트림 스포츠 가이드는 자격증을 취득하는 과정이 다른 직업에 비해 기간도 짧고 쉬우나 시험에서 특별한 기술을 요구하기 때문에 자신이 좋아하는 익스트림 스포츠를 취미로 시작했다가 점점 실력을 쌓은 뒤 전문 스포츠 자격증을 취득하는 경우가 많습니다. 익스트림 스포츠 가이드는 각 종목별로 위험의 정도, 개인의 실력 등에 따라 보수가 다르지만 위험에 대한 보수가 포함되어 있기 때문에 일반 스포츠 가이드에 비해 보수가 높은 편입니다.

현재 우리나라의 익스트림 스포츠는 다른 나라에 비해 활성화되어 있지 않지만 계속 익스트림 스포츠에 대한 관심과 수요가 늘어나고 있는 만큼 익스트림 스포츠 가이드에 대한 직업적 전망은 매우 밝습니다. 최근에는 장비와 기술이 발전함에 따라 윙슈트 플라잉과 워터 제트팩과 같은 새로운 종목들이 생겨나고 있고, IT기술과 증강현실 기술이 발전함에 따라 익스트림 스포츠를 간접적으로 체험할 수도 있게 되면서 익스트림 스포츠를 즐기는 사람들의 연령층도 확대 되고 있습니다. 더 멀리, 더 높이, 더 깊이 가고자 하는 인간의 욕망과 도전정신으로 인해 앞으로 익스트림 스포츠를 즐기는 장소와 방법들이 더욱 다양해지고 과감해 질것입니다. 특히, 신화 속의 이카루스처럼 인간의 '하늘을 날고자 하는 욕구'는 항공 스포츠를 더욱 다양하게 발전시키고 그것을 즐기는 사람들은 계속 늘어날 것입니다. 모험과 안전, 이 두 가지를 즐기고 싶은 사람들의 욕구로 인해 익스트림 스포츠 가이드에 대한 수요는 계속 늘어날 전망입니다.

제1도서 진로독서 활동(초등용)

도서	구름 위를 오른 아이	도서정보	이상배 지음 / 김세진 그림 / 상상스쿨

'구름 위를 오른 아이'는 털보 등산가 김태웅 씨가 아들 김영식 군과 알프스 마테호른을 정복한 일화를 동화로 엮은 책입니다. 김영식 군이 세계 최연소로 악마의 산 마테호른을 정복하기까지 어려서부터 받았던 훈련과 산을 오르면서 겪은 혹독한 시련, 그것을 극복하는 과정이 생생하게 담겨 있습니다. 의지가 약한 어린이들에게 꿈과 희망을 심어주고, 어렵고 힘든 과정을 극복할 수 있는 용기를 주는 감동이 있는 책입니다.

가. 배경지식으로 찾아보기

📢 높은 산에 올라가 본 적이 있나요? 산에 올라갔던 경험을 이야기 해 보세요.

📢 산에 오를 때 힘들었던 점과 좋았던 점을 이야기 해 보세요.

나. 책 속에서 진로 찾기

📢 영식이는 어려서부터 아버지인 털보대장을 따라 한라산과 후지산 등 높은 산을 올랐습니다. 아버지는 여덟 살이 된 영식이와 '마터호른'을 등반하기 위해 산악대장이 되어 어떤 산악훈련을 시켰나요?

📢 등반할 때 꼭 필요한 행동들은 어떤 것이 있는지 인식이와 영식이의 행동을 통해서 찾아 이야기 해 보세요.

📢 영식이는 마터호른을 등반할 때 어떤 위험을 만났나요? 위험이 닥쳤을 때 털보대장은 어떤 도움을 주었나요?

해양구조물에서 손이 닿지 않는 고소 작업을 하거나 고소(높은 곳)에서 인명 사고가 발생해서 구조를 해야 하는 경우에 전문 산악인 출신들을 많이 고용합니다. 왜 일반 기술자들이 아닌 전문 산악인들을 고용할까요?

익스트림 스포츠와 관련된 일에는 어떤 것들이 있는지 알아보세요.

📢 토론해 봅시다.

스키장에서 충돌…1명 사망1명 중상

2017년 12월 30일 경남 양산시 에덴밸리 스키장 상급코스에서 스키를 타던 17살 정모군과 스노우보드를 타던 46살 박모씨가 충돌하는 사고가 일어났습니다. 스키 초보자인 정군이 직활강으로 내려오다 충돌을 일으켰는데 사고 직후 병원으로 이송했지만 박모씨는 숨지고 정군은 하반신 등을 크게 다쳤습니다. 사고 당시 박씨는 헬맷을 쓰고 있지 않았다고 합니다.

〈출처: 2017.12.30. TV조선〉

📢 토론 논제 : 스키장에서는 실력에 따라 슬로프를 이용할 수 있도록 하는 코스인증제를 실시해야 한다.

익스트림 스포츠는 부상과 생명의 위험이 따르는 스포츠로 자신의 실력에 맞는 코스를 선택해서 스포츠를 즐겨야 합니다. 하지만 사람들은 자신의 실력을 과신하거나 모험심에 자신의 실력과 맞지 않는 코스에 도전하기도 합니다. 이것은 자칫 사고가 날 경우 자신뿐만 아니라 다른 사람의 목숨까지도 위태롭게 할 수 있기 때문에 실력에 맞게 코스를 이용할 수 있는 코스인증제를 실시하는 건 어떨까요?

익스트림 스포츠를 즐기는 사람들은 도전정신과 모험을 즐기는 사람들입니다. 대부분의 사람들은 안전수칙을 잘 지키고 안전 장비도 잘 갖추고 스포츠를 즐깁니다. 가끔 안전수칙을 지키지 않아 사고가 나긴 하지만 코스인증제를 실시할 경우 실력이 늘 때마다 코스별로 인증을 받아야 하기 때문에 인력과 시간이 많이 소요됩니다. 실력이 있는 사람들도 잠깐의 부주의로 사고가 나는데 코스인증제를 실시한다고 사고를 다 막을 수는 없지 않을까요?

도서	땅에서, 날다	도서정보	조현주 / 창비

『땅에서, 날다』의 주인공들은 우리 주변에서 흔히 볼 수 있는 평범한 10대들이 겪는 조금은 특별한 경험을 통해 상처를 딛고 세상을 더욱 넓고 깊게 바라보며 성장하게 되는 7가지의 이야기를 담았습니다.

표제작 「땅에서, 날다」의 주인공 석태에게는 아픈 기억이 있습니다. 하늘을 날아 보자던 장난이 비극으로 번져 한 친구가 다치게 되고, 그로 인해 학교를 그만둔 것입니다. 그 뒤 석태는 부모님에게 남들 눈에 띄지 말고 조용하게 살라는 조언을 듣습니다. 하지만 석태는 '지구방위대 패러글라이딩'에 가입해 형들의 도움으로 패러글라이딩을 타고 하늘을 날게 되고, 다시 땅에 내려가서 무리에 섞일 용기를 내게 됩니다.

가. 배경지식으로 찾아보기

📢 아주 오래 전부터 사람들은 하늘을 날기를 간절히 원했습니다. 여러분
은 하늘을 나는 상상을 해 본 적이 있나요?

📢 하늘을 나는 스포츠에는 어떤 것들이 있을까요?

나. 책 속에서 진로 찾기

📢 석태와 친구들은 학교에서 윙슈트 놀이를 하다가 어떤 문제가 생겼나
요?

📢 석태는 왜 패러글라이딩을 하고 싶어 했나요?

📢 석태가 패러글라이딩을 하려고 했을 때 동성이형은 어떤 도움을 주었나
요?

📢 익스트림 스포츠를 즐기다 보면 여러 가지 사고를 당하게 됩니다. 익스트림 스포츠는 일반 스포츠와 달리 사고의 정도가 커서 큰 장애를 입거나 목숨을 잃는 경우도 생깁니다. 이러한 익스트림 스포츠를 즐길 때 주의해야 할 점은 무엇인가요? 자신이 중요하다고 생각하는 것을 이야기 해 보세요.

📢 익스트림 스포츠 가이드의 역할과 필요성에 대해 이야기 해 보세요.

📢 토론해 봅시다.

📢 토론 논제 : 동호회 일반 회원을 통한 익스트림 스포츠 교육을 제한해야
한다.

　　사람들은 새로운 익스트림 스포츠를 즐기고자 할 때 먼저 검색해서 동호회에
가입합니다. 동호회에서는 먼저 배운 선배들이 자신이 아는 지식과 기술을 다른
사람들에게 가르쳐 주고 함께 스포츠를 즐기는 경우가 많습니다. 하지만, 먼저
경험을 한 사람들이라고 해도 정식 교육을 받은 사람이 아니면 자신의 방식대로
가르치거나 안전수칙에 대한 교육을 하지 않는 경우가 많습니다. 익스트림 스포
츠는 작은 실수가 자칫 큰 사고로 연결될 수 있는 만큼 안전을 위해 동호회 일반
회원을 통한 교육을 제한해야 하지 않을까요?

　　욜로(YOLO)족이 생겨나고 생활의 색다른 즐거움을 느끼고 싶어하는 사람들이
늘면서 익스트림 스포츠를 즐기고자 하는 사람들도 날로 늘어나고 있습니다. 사
람들은 동호회를 만들고 함께 즐기는데 동호회 안에는 전문 스포츠 가이드에게
강사 교육을 받은 사람들도 있어서 다른 사람들에게 자신이 받은 대로 교육을 해
주기도 합니다. 동호회 안에서 열심히 활동하는 회원들은 수많은 연습과 연구를
통해 더 안전하고 좋은 기술을 습득해서 다른 동호회 회원들에게 가르쳐주고 함
께 즐기고 있습니다. 실력으로 판단해야지 자격증의 유무로 동호회의 일반 회원
을 통한 교육을 제한한다면 오히려 익스트림 스포츠를 즐기고자 하는 사람들의
배울 기회를 뺏는 게 되지 않을까요?

📢 다음 기사 내용을 보고 물음에 답해 보세요.

겨울 날씨에 야외 운동을 즐기기 어렵다. 운동 매니아라면 추운 날씨를 피해 운동을 즐길 수 있는 곳을 한번쯤은 찾아 봤을 테다. 특히 동계 올림픽을 앞두고 있는 최근, 스키와 봅슬레이 등 동계 익스트림 스포츠를 실내에서 즐길 수 있는 곳에 눈길이 간다.

'어반슬로프'에서는 계절에 상관없이 스키와 스노보드를 즐길 수 있다.

설원의 스키장을 그대로 옮겨 놓은 듯한 화면과 스키 장비에서 느껴지는 반응이 실제와 흡사하다. 수십 개의 센서가 스키를 타는 사람의 모든 동작을 분석해 스크린 화면과 동기화하기 때문이다.

스키와 보드 매니아들이 즐기는 회전, 대회전, 활강까지 실제 슬로프의 조건을 모두 체험할 수 있는 시뮬레이터도 있다.

'어반슬로프'를 이용하고 싶지만 경험이 많지 않은 초보 체험자들을 위해 꼼꼼한 안전교육도 진행된다. 걸음마 단계부터 선수급의 고난도 단계까지 이용할 수 있는 레슨 프로그램을 활용할 수 있다

코오롱등산학교는 세계 최대의 실내 인공빙벽장, 인공암벽장 등을 보유하고 있다. 동호회나 워크숍 등 빙벽등반을 원하는 단체와 개인이 예약해 이용할 수 있다.

　푸른 바다 속을 들여다보면 어떤 느낌일까요? 최근 해양스포츠에 관심이 높아지면서 스킨스쿠버를 배우고 즐기는 사람들이 늘어나고 있습니다. 하지만 전문적인 장비를 다루고 안전을 담보로 한 레저이기 때문에 스킨스쿠버 강사들의 교육과 도움을 받아 충분한 연습을 한 후 즐겨야 합니다. 스킨스쿠버는 레저로 즐길 뿐만 아니라 위급한 상황에서 해양인명구조와 같은 중요한 역할을 수행하기도 합니다. 스쿠버 다이빙은 관련 교육 단체도 많고, 전문 다이버들도 많습니다. 그 중에는 바다 다이빙이 아닌 고도가 높은 곳에서 다이빙을 하는 사람도 있습니다.

　다음은 세계 최초로 백두산 천지에서 고도아이스 다이빙을 하신 세계스쿠버연맹 한국청소년 스킨스쿠버협회 강경순 총재 인터뷰 내용입니다.

Q) 안녕하세요. 총재님 간단한 자기소개 부탁드립니다.

A) 안녕하세요. 웰빙 뉴스에서 인터뷰를 하게 되어 영광입니다. (웃음) 너무 거창하게 소개를 해 주신 덕에 감개가 무량합니다. 한국청소년스킨스쿠버협회 세계스쿠버연맹 강경순 총재입니다.

Q) 스쿠버다이빙 계에서는 대단하시다고 하는데요. 스쿠버를 어떻게 시작하게 되셨나요?

A) 1988년도에 군산수산전문대에 다닐 때 스킨스쿠버동아리를 만들면서 본격적으로 스쿠버를 시작하게 되었습니다.

Q) 대한민국최초로 '아이스 백두산 고도다이빙'을 하셔서 주목을 받으셨다고 합니다. 간단한 설명을 하신 다면요?

A) 세계 최초로 백두산 천지에서 다이빙을 했습니다. 최고도다이빙과 아이스다이빙을 접목한 대한민국에서 처음으로 시도된 '텍다이빙'이었

습니다. 고도다이빙을 도전했는데 성공해서 언론의 주목을 받은 적이 있었습니다. 특히 그때에 MBC 설날특집 다큐멘터리로 특집 방송되었는데 지상파에 나와서 많은 사람들이 관심을 갖고 보았던 일이 있었습니다.

Q) 재미있는 일화입니다. 그때 당시 힘들었던 기억이 있으시 다면요?

A) 고도아이스 다이빙을 성공하기 위해서 그 때 당시는 중국 쪽 백두산으로 가야하기 때문에 공기통이 현지에 없어서 한국에서부터 백두산까지 공기통을 가지고 가야 했습니다. 인천에서 배타고 대련으로 가서 다시 기차타고 장춘에서 택시를 타고 연길까지 1박2일 동안 총 12시간이상 한겨울 추위와 싸우면서 공기통을 이동했습니다.

Q) 저런 일화 때문에 다이빙계의 엄홍길이라고 불리시는 군요. 다이빙계의 엄홍길로서 다이빙에 대한 견해를 말씀해 주신 다면요?

A) 다이빙 계에는 유능하신 선후배님들이 많이 계십니다. 저야 그냥 바다가 좋고, 해양이 좋아서 탐험적인 다이빙을 개척할 뿐이지요.(웃음) 저는 어린이 청소년들을 위한 해양개척프로그램을 최초로 개발 보급하는 선구자 역할을 하고 있습니다. 특히 생존수영의 아버지란 별칭이 요즘 붙어서 그런 별칭은 재미있으면서도 기분을 좋게 합니다. 1999년부터 어린이 청소년들을 위한 프로그램을 개발해서 보급하고 있는데 대교 방송 다큐멘터리로 방영되어 유선방송위원회의 우수프로그램으로 선정되기도 하니까 '의미 있는 일을 하고 있구나.' 하는 생각을 했습니다.

Q) 스쿠버 단체 중에 패디 다이빙 C-카드가 세계적으로 인정받고 있습니다. 한국을 대표하는 다이빙 C-카드발급단체로서 어떻게 보시나요?

A) 다이빙은 바다가 좋아서 즐기는 국제적인 해양탐험스포츠입니다. 어느 단체가 좋고 나쁜 것은 없는 것 같습니다. 저희 단체는 대한민국 바다에서 탄생한 최초의 토종 스킨스쿠버 브랜드로서 그 가치가 있다고

생각합니다. 또한 최초의 청소년스킨스쿠버지도자를 육성하는 유일 무이한 단체로서 특히 인명구조, 환경보존, 수중문화재보호 등 국가 공익활동을 하는 지정 기부금 단체이기도 합니다.

Q) 대단하십니다. 그렇다면 다이빙을 언제까지 하실 생각이신가요?

A) 다이빙이 천직이라 평생 단체를 위해서 공익활동에 헌신하려고 합니다.

Q) 마지막으로 하실 말씀이 있다면요?

A) 현재는 다이빙과 접목한 재난응급구조분야에서 국민의 사고예방 및 안전교육을 위해서 각종 재난예방활동과 응급구조 활동을 하고 있습니다. 그래서 2017년도에는 SI대한전문응급처치협회에서 서울특별시와 행정안전부의 비영리 민간단체 지원사업에 선정되어 서울시민들에게 심폐소생술, 자동 심장 충격기 교육과 대형재난 사고 시에 대응할 수 있는 국민 재난 응급 구조교육을 실시하는 세계최초의 국민재난응급구조(demt) 프로그램을 개발하여 대중에게 보급하고 심도 깊은 이론과 실기를 교육하고 있습니다. 이처럼 해양발전과 접목된 프로그램을 개발 보급하여 "세월호사건"같은 참사가 일어나지 않도록 예방하고 교육하는 일에 앞으로의 인생을 쓸 계획을 하고 있습니다. 많은 분들의 관심과 참여 그리고 협조를 바랍니다. 감사합니다.

〈출처: 웰빙뉴스편집부, 기사승인: 서병진 skysun0408@hanmail.net〉

📢 (직업 적합도 평가) 다음 물음에 따라가며 자신의 적성을 파악해 보세요.

1. 아래 내용을 읽고 자신의 성격 특성과 가깝다고 생각하는 것에 ○표 하세요.

집중력이 강한 편이다.	기초 체력이 튼튼하다	과학적으로 분석하는 것을 좋아한다.	매사에 긍정적으로 생각한다.
새로운 것을 보면 꼭 해보려고 한다.	평상시에도 운동을 즐겨 한다.	책임감이 강하고 한번 시작한 일은 끝까지 한다.	반복적이거나 앉아서 하는 활동을 지루해한다.
많은 것을 알고 싶어 하는 호기심이 강하다.	신체 균형을 잘 잡고 몸이 유연한 편이다.	어려운 문제가 생기면 반드시 해결하려고 한다.	부모님 외에 어른들과도 대화를 잘 한다.

2. ○표의 개수를 통해 자신의 직업 적성도를 파악해 보세요.

적성도 A등급 (9~12개)	적성도 B등급 (5~8개)	적성도 C등급 (0~4개)
당신은 강인한 체력과 모험을 즐기는 도전정신을 갖춘 사람입니다. 익스트림 스포츠 가이드의 자질을 갖추고 있으니 도전해 보세요.	당신은 익스트림 스포츠 가이드의 자질을 어느 정도 갖추고 있습니다. 좀 더 적극적으로 익스트림 스포츠에 관심을 가지고 가능성을 키워 보세요.	당신은 익스트림 스포츠 가이드가 되기에는 적합하지 않지만, 익스트림 스포츠를 하나씩 배워가며 자신의 적성과 맞는지 살펴보세요.

※ 직업 적합도 평가는 주간적인 체크리스트이므로 절대적인 것이 아닙니다. 흥미와 적성을 바탕으로 한 것으로 참고만 하시기 바랍니다. 직업이 갖는 목적과 의미를 생각하며 원하는 마음이 생겼다면 관련 역량을 기르기 위해 꾸준히 노력하는 것이 더 중요합니다.

익스트림 스포츠 / 대니 핀치베로 외 / 동아사이언스 / 2007

〈익스트림 스포츠〉는 다양한 인물을 통해 익스트림 스포츠의 기본 정신부터 어떻게 어려움을 극복할 것인지 살펴봅니다. 더불어 어렵고 힘든 스포츠일수록 과학적인 사고와 철저한 분석이 좋은 성적을 가져올 수 있다는 것을 깨닫게 합니다. 승리만을 위해 부정한 방법을 사용하는 선수들의 이야기를 통해 잘못된 생각을 지적하고 정정당당한 스포츠맨의 정신을 되새기게 해 줍니다.

▶ 책을 읽으며 익스트림 스포츠를 즐기기 위해 어떤 훈련들이 필요하고, 어떤 태도가 필요한지 생각해 보세요. 또, 성적 향상을 위한 무리한 도전이나 약물 복용 등과 관련된 주제를 가지고 친구들과 생각을 나눠 보면 어떨까요?

야간비행 / 생텍쥐페리 / 선영사 2018

〈야간비행〉은 쉬지 않는 기차와 경쟁하기 위해 야간비행을 시도하던 시기 파타고니아, 칠레, 파라과이의 세 우편기가 유럽으로 가기 위한 비행기가 대기하고 있는 부에노스 아이레스를 향해 돌아오고 있었습니다. 파타고니아에서 오는 우편기의 조종사 파비앵은 태풍 속에 말리게 되고 태풍을 뚫고 고요한 하늘에 올라가게 되지만 연료가 떨어져 간다는 것을 알게 됩니다. 파비앵을 기다리는 아내의 걱정을 뒤로 한 채 우편국장 리비에르는 아직 가능성이 있는 셋째 번의 우편기가 착륙하는 즉시, 유럽으로 가는 우편기는 이륙하라고 명령을 내립니다.

▶ 이 책은 생텍쥐페리가 부에노스아이레스를 중심으로 한 남아메리카의 우편비행사업에 직접 참가했던 체험을 바탕으로 하여 위험도 높은 비행 행위의 의미를 추구하면서 묘사하였습니다. 책을 읽고 파비앵이 비행하면서 겪는 어려움과 비행에서만 느낄 수 있는 감정, 죽음의 위험 등에 대해 친구들과 함께 이야기 나누어 보면 어떨까요?

06 유사 직업 안내

1급 전문 스포츠 지도사

'1급 전문 스포츠 지도사'는 국민체육진흥법에 따라 자격을 취득한 사람으로서 학교 · 직장 · 지역사회 또는 체육단체 등에서 체육을 지도할 수 있는 사람입니다. 해당 자격종목의 2급 전문스포츠지도사 자격을 취득한 후 3년 이상 해당 자격 종목의 경기지도경력이 있는 사람이 국민체육진흥공단(www.insports.or.kr) 에서 실시하는 시험에 응시하여 합격한 후 250시간의 연수를 받아야 자격을 취득할 수 있습니다.

검도, 골프, 궁도, 근대5종, 농구, 탁구, 태권도, 테니스 등의 일반 스포츠와 루지, 봅슬레이스켈레톤, 바이애슬론, 사이클, 산악, 세팍타크로, 수상스키, 카누 등의 익스트림 스포츠 자격증 등 54개 종목의 전문스포츠지도사 자격증으로 나뉘어져 있습니다.

스쿠버 다이빙 강사

바닷속의 아름다움을 직접 체험하고자 하는 고객과 스쿠버다이빙 자격증을 취득하려는 사람들을 대상으로 안전교육과 실습을 교육하는 사람입니다.

스쿠버다이빙강사는 현재 PADI, NAUI, BASC, CMAS, SSI, TDI/SDI,

KUDA 등의 국제단체 및 국내단체 등에서 관련 자격증을 발급하고 있습니다. 초급과정부터 단계를 밟아 자격을 취득하게 되는데 응급처치사 자격증 취득도 필요합니다. 다이버마스터자격증을 취득 후 일정 횟수의 다이빙경력과 응급처치자격증이 증명된 후 스쿠버다이빙 강사 시험에 응시할 수 있습니다. 강사자격증을 취득한 후에는 바닷속 체험을 희망하는 고객과 자격증 취득자를 대상으로 교육을 진행할 수 있습니다.

스턴트맨

스턴트맨은 연극, 영화, 드라마 등에서 주연 배우를 대신하여 주연 배우가 하기 힘든 고공낙하, 자동차나 말에서 뛰어내리기, 폭발 직전의 건물에서 뛰어나오기 등의 고난도의 연기를 대신하는 일을 하는 사람을 말합니다. 때로는 운동이나 악기 연주 등의 특수한 기술을 요하는 역할을 대신하기도 합니다. 각 장면에서 주연 배우를 대신하여 위험한 연기를 대신해야 하기 때문에 신속한 상황판단 능력과 순발력, 운동신경 및 위기대처능력이 요구됩니다.

스키구조요원(스키 패트롤)

스키 연습장이 있는 산 위에서 활동하는 스키 전문가 그룹입니다. 스키를 타는 사람들에게 기술적 도움을 주며, 슬로프 내에서 충돌 사고로 인한 위급 상황이나 긴급 환자 발생시 사람들을 구조 하고, 스키장의 이런저런 상태가 안전한지 확인하는 역할을 합니다. 트레일과 눈사태에 있어 안전

을 위해, 그리고 산악구조를 위해 책임을 부여받은 특별히 훈련된 스키어
들입니다.

관련 직업 체험 기관

- 코오롱 등산학교 www.kolonschool.com
  서울특별시 강북구 삼양로 173길 52 광림빌딩
  −실내 빙벽장이 있어 빙벽등산을 체험해 볼 수 있다.
- 어반 슬로프 http://urbanslope.co.kr
  −실내에서 스키와 스노보드를 즐길 수 있다.

참고 도서

- 익스트림 스포츠 / 대니 핀치베로 외 / 동아사이언스 / 2007
- 미래 직업, 어디까지 아니? / 박영숙 / 고래가 숨쉬는 도서관 / 2015
- 세계미래보고서 2030−2050 / 박영숙, 제롬 글렌 / 교보문고 / 2017
- 디스커버리 수학3(스턴트맨이 되어보자, 도전 익스트림 스포츠) / 웬디 클렘슨,
  데이비드 클렘슨 외 4명 / 아울북 / 2008
- 스포츠 상식(내 손안에 쏘옥 20, 흥미진진한 스포츠의 모든 것) / 아이글터 /
  책빛 / 2010
- 아름다운 단독 비행 (아름다운 도전 6) 임정진 / 두산동아 / 2002
- 나는 초록바다로 간다 (아름다운 도전 4) 김종렬 / 두산동아 / 2002

MEMO

2장

문화마케터

문화마케터는

하나의 문화컨텐츠를 활용해 기업과 고객의 관계를
문화라는 장르로 형성, 유지할 수 있도록 콘텐츠를 개발
하는 전문가를 말합니다. 상품으로의 문화를 기획하고
판매하는 사람이라고 할 수 있습니다.

01 어떤 직업일까

 직업 관련 재미있는 이야기

일상생활에 가까운 것부터
−우리가 좋아하는 수많은 드라마와 콘서트

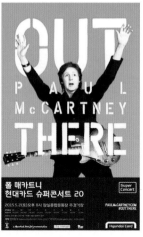

〈출처: https://naver.com〉

문화는 나를 깊게 하고, 마케팅은 나를 날카롭게 한다.

문화의 시대, 급변하는 트렌드

나는 얼마나 알고 있는가?

한동안 우리를 뜨겁게 달구었던 송송 커플의 태양의 후예와 남자 팬들까지도 확보했던 치즈인터트랩이라는 드라마, 혹시 모두 기억하시나요? 머릿속에 맴도는 드라마 주제곡들까지도 여전한 인기를 자랑 중입니다. 두 드라마 모두 우리의 안방에서 편안하게 텔레비전을 통해 만났어요. 그리고 이 두 드라마의 신드롬은 한국뿐만 아니라 한류 열풍을 타고 가까운 중국으로 수출되어 중국 사람들에게도 그 인기는 엄청났다고 합니다.

이렇게 일상생활에서 가깝게 만날 수 있는 드라마부터 조금 더 움직이면 만날 수 있는 외국 유명 가수의 국내 콘서트까지. 우리 주변에서는 매일 수많은 문화 관련 콘텐츠들이 다가오고 있습니다. 한국 문화를 외국으로 수출하는 일, 반대로 외국 프로그램이나 유명 가수의 대형 콘서트를 기획하는 일, 이 모든 일들이 일종의 문화마케팅입니다. 좋아하는 문화 콘텐츠 분야별로 자신의 적성을 살려서 문화 산업을 수출하고 외국 문화를 우리나라에 소개하는 일을 하는 사람을 문화마케터라고 합니다. 오늘은 매력적인 직업인 문화마케터에 대해서 함께 알아보아요!

문화마케터란?

하나의 문화컨텐츠를 활용해 기업과 고객의 관계를 문화라는 장르로 형성, 유지할 수 있도록 콘텐츠를 개발하는 전문가를 말합니다.

문화마케터는 우리 사회 전반에서 문화마케팅이 점점 주목을 받으면서 기존의 마케팅 영역에서 세분화되어 나온 직업이라고 할 수 있습니다. 조금은 생소하게 들릴지 모르지만 이미 오래전부터 존재해왔던 직업이며, 창의력과 감수성으로 문화를 마케팅하는 역할을 합니다. 그럼, 이제 문화마케터에 대해 조금 더 자세히 알아볼까요?

어떤 일을 하나요?

문화 마케터의 탄생배경을 알아봐요!

문화마케팅의 역사는 고대 로마시대 문화예술의 전폭적인 후원자였던 정치가 마에케나스(Gaius Clinius Maecenas)가 시작한 메세나(Mecenat) 운동에서부터 시작됩니다. 메세나는 문화예술·스포츠 등에 대한 원조 및 사회적·인도적 입장에서 공익사업 등에 지원하는 기업들의 지원 활동을 총칭하는 용어로 쓰이고 있습니다.

오늘날의 기업들은 단순히 사회공헌 차원에서 문화적 지원을 하는게 아니라 이 지원을 통해 좋은 기업 이미지를 구축하는 것으로도 잘 활용하고 있습니다. 또 문화예술 분야의 감성코드를 활용한 마케팅 전략을 세우고 문화적 이미지가 구체적으로 드러나는 상품을 개발하는 데에도 이를 적극 활용하고 있습니다.

　문화마케팅이 발달된 외국의 경우 1967년 미국에서 기업예술후원회가 발족하였고, 1997년, 국제 기업예술지원 네트워크(International Network of Business Arts Association)가 조직되어 정보가 교환되기 시작했습니다. 이에 반해 우리나라는 1994년에 한국기업메세나협의회가 발족했고 그 뒤 국내 문화산업의 발전과 함께 국내 기업들도 점차 문화마케팅을 선호하게 됐습니다.

　이처럼 우리 사회에서 문화마케팅이 점점 주목을 받으면서 관련 업무를 전문적으로 수행하는 문화마케터라는 직업이 탄생하게 됐습니다. 하지만 문화마케터는 기존에 전혀 없었던 직업이 아닙니다. 문화마케팅이 부각되고 전문화되면서 기존의 마케팅 영역에서 세분화되어 나온 직업이죠. 결국 문화계에서는 마케팅 종사자들을 문화마케터로 통칭하게 되었고, 기업에서는 마케터, 브랜드매니저 등이 문화예술과의 접점을 찾는 과정에서 문화마케터로 불리게 됐다고 할 수 있습니다.

구체적으로 어떠한 일들을 하나요?

　문화마케팅에 대한 정의는 대부분 기업들의 문화후원 활동이나 문화상품을 마케팅 전략에 접목시키는 정도로만 설명하는 경우가 많습니다. 그러나 문화마케팅은 한 사회의 문화 트렌드에 관한 마케팅 활동뿐만 아니라, 문화예술 자체를 창출하고 확산시키는 것 그리고 문화와 제품을 결합시키는 것에 이르기까지 문화를 기반으로 한 모든 마케팅 활동을 포함하는 넓은 개념입니다.

오늘날 마케팅을 기업만의 활동으로 한정하기보다는 조직과 개인이 교환을 창출하며 최대의 만족을 얻기 위해 행하는 모든 활동으로 해석하고 적용합니다. 이에 따라 문화마케팅 또한 기업 활동으로만 접근하기보다 정부를 비롯한 다양한 형태의 조직과 개인이 문화를 기반으로 가치를 창출하며 교환하는 활동으로 정의내릴 수 있습니다.

문화마케터는 상품으로써의 문화를 기획하고 판매하는 사람을 말합니다. 이들은 문화로 부가가치를 낼 수 있는 모든 일을 합니다. 공연예술단체의 경영 및 마케팅 활성화를 비롯해 문화를 활용하는 기업의 내부 경영, 도시와 지역의 문화경쟁력 강화를 위한 프로그램 마련, 문화예술 교육 프로그램 개발 등 문화마케터가 하는 일과 업무영역은 매우 다양합니다. 문화마케터들의 대표적인 업무를 근무하는 곳에 따라 살펴보면 다음과 같습니다.

우선 공연 전문업체에서 일하는 문화마케터는 주로 진행 중인 공연의 마케팅 전략을 세우고 해외 수출 등을 담당합니다. 우리나라 드라마를 외국에 수출해 한류열풍을 돕고, 인기가 있는 해외 영화나 드라마, 공연, 전시작품을 한국에 들여와 관객에게 소개하는 일을 합니다.

기업에서 근무하는 문화마케터는 보통 마케팅 부서, 홍보 부서 등에서 근무하는데 주로 상품 판매율을 높이거나 기업이미지를 좋게 하기 위해 문화를 활용한 전략과 계획을 세웁니다.

고객을 위해 좋은 공연이나 전시를 골라 기업이 후원하도록 하거나 혹은 티켓을 구매해서 기업 이미지를 높이는 차원에서 고객들에게 선물하는 등의 일도 합니다. 또한 최근에는 문화 예술을 활용해 기업이미지를 변화시키거나 소비자의 다양한 라이프스타일을 분석해 문화를 통해 소비자의 감성을 자극하는 마케팅 전략을 세우는 업무가 중요하게 부각되고 있습니다.

이 밖에 문화마케팅 전문 업체에서 근무하는 문화마케터는 문화예술을 교육상품으로 만드는 일도 합니다. 배우와 극작가들을 통해 교육 참여자들의 발표력이나 말하기 능력을 개발하거나 화가를 초청해 비주얼 및 창의력을 개발할 수 있도록 돕는 등 문화예술을 하나의 교육상품으로 만드는 일을 하는 것입니다.

이처럼 문화마케터의 업무영역은 분야별로 매우 다양하지만 결국 문화예술을 하나의 상품으로 기획하고 판매하는 일을 수행뿐만 아니라, 여러 가지 다른 분야 산업들과 시너지 효과를 창출해내는 일을 한다고 할 수 있습니다.

어떠한 환경에서 근무하게 되나요?

근무환경은 일반 사무직과 유사합니다. 보통 오전 9시에서 오후 6시까지 근무하며 새로운 프로젝트를 기획하고 진행할 때 가장 바쁜 시간을 보냅니다. 주로 사무실 안에서 근무하며 컴퓨터를 이용한 자료와 문서작성이 많으며 외부 고객들과의 미팅이나 시장 조사를 위해 외근을 하는 경우도 많으며 직업적 특성상 각종 공연 관람도 많이 하는 편입니다.

문화마케터를 어떻게 준비하면 될까요?

1) 문화마케터를 어떻게 준비하면 될까요?

문화마케터가 되기 위해서는 연극, 영화, 음악 등 문화전반에 대한 흥미는 물론이고 다양한 문화생활을 통해 문화에 대한 지식과 시각을 갖는 것이 필요합니다. 직업 특성상 활발하고 외향적인 성격이 적합하며 원만한 대인관계능력과 의사소통 능력도 중요합니다. 또 다양한 아이디어를 만들어낼 수 있는 창의력도 요구됩니다. 그리고 무엇보다 마케팅에 관한 전문적인 지식이 있어야 합니다. 마케팅 능력을 키울 수 있는 이론적인 지식과 경험은 물론이고 사회 전반적인 유행 흐름을 읽을 수 있는 분석력과 판단력을 갖추는 것이 필요합니다.

대학의 관련학과로는 경영학, 경제학, 마케팅학, 광고홍보학 그리고 예술(경영)대학(원)의 예술 경영 등이 있습니다. 이 밖에 서울아트스쿨 문화예술원의 문화마케팅 전문가과정, 한국문화콘텐츠 진흥원의 문화콘텐츠 글로벌 리더 과정 등이 있습니다. 이와 같은 전공이나 교육 과정은 관련 지식을 쌓는데 많은 도움이 되지만 문화마케터가 되기 위해 필수적으로 요구되는 사항들은 아닙니다. 실제로 문화마케터로 활동하고 있는 종사자들의 전공을 살펴보면 경영학, 산업디자인, 통계학, 사회학, 광고학 등을 비롯해 연극, 영화, 음악, 무용 등 문화예술에 이르기까지 무척 다양합니다.

문화마케터들은 문화마케팅 전문업체, 공연예술단체 등에 소속되어 있거나 기업의 경우 마케팅, 홍보팀 등에서 일하고 있습니다. 주로 공채과정을 통해 채용이 이루어지며 서류전형과 면접을 거쳐 채용합니다. 채용기관에 따라 차이가 있지만 면접 때 문화전반에 대한 관심과 흥미 그리고 긍정적이고 능동적인 자세와 창의성 등을 중요하게 평가합니다. 따라서 창의적인 예술가와의 지속적인 만남을 통해 세상에 대한 안목을 개선할 필요가 있습니다. 또한 각종 공연이나 문화생활을 하는 가운데 그것을 마케팅적 시작으로 재해석하는 연습을 해보는 습관을 갖는 것이 좋습니다.

참고로, 여성인력개발센터에서는 공연기획자 양성과정프로그램 제공하고 있습니다. 공연제작의 이해, 공연 예술 경영, 공연장의 이해와 공연기획 실습, 현장실습과 취업대비 교육 등 100시간의 과정이며, 국비운영으로 무료 수강이 가능합니다.

02 누구에게 어울릴까

흥미와 적성

　문화마케터는 기본적으로 주변에 대한 관심을 바탕으로 시작합니다. 자신을 둘러싼 환경에 대해서 끊임없는 호기심을 바탕으로 능동적으로 활동할 수 있는 성품을 기본으로 합니다. 자신의 주변 문화까지 살펴볼 수 있는 안목이 있다면 더욱 적합합니다.

　또한 문화라는 부분에 대한 이해와 더불어 이 부분을 어떠한 대상에게 공략하여 상품화하고 판매할지에 대해서도 적성이 맞아야 합니다. 감성적인 부분과 이성적인 부분이 적절하게 배치된 매력적인 직업이기에 좌뇌와 우뇌가 고르게 발달된 사람들에게 적합합니다. 아직 우리는 청소년이기에 이 직업에 대한 흥미가 있다면 이제부터 양쪽 영역에 대한 적성을 키워나가는 것이 무엇보다 중요합니다. 대학교에서 특정 영역에 대한 학업적 공부 뿐만이 아니라 다양한 방면의 능력을 필요로하는 문화마케터가 존재하므로 자신이 가장 자신 있고 좋아하는 분야를 중점적으로 준비해야 합니다.

문화마케터의 현재 모습

　먼저 진출 현황에 대해서는 국내 문화마케터 인원에 대한 정확한 통계는 없지만 그 수는 점차 늘어나는 추세입니다. 수입에 대한 정확한 통계는 없지만, 보통 기획사에 따라 차이가 납니다. 한편, 공연기획전문기업의 월급은 대략 200만원 수준입니다. 기업의 마케팅 부서에서 활동하다가 공연예술 단체나 문화마케팅 전문업체로 직장을 옮기는 경우도 있으며, 관련해서 직접 창업을 하기도 합니다. 또한 업무 경험을 쌓고 능력을 인정받아 전문프리랜서로 활동하는 경우도 있습니다.

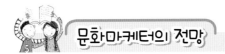
문화마케터의 전망

　방송통신기술의 발달로 전 세계는 이미 오래전 '컬쳐노믹스(Culturenomics = 컬쳐 + 이코노믹스)'의 시대로 접어들었습니다. 향후에도 문화를 빼놓고 경제를 말하기는 어려울 전망입니다. 싸이의 강남스타일은 유튜브를 통해 전 지구적인 사랑을 받았고, 강남스타일이라는 콘텐츠 하나로 YG와 싸이는 천문학적인 부가수익을 올릴 수 있었습니다.

　2007년 현대카드의 슈퍼시리즈는 기업과 문화가 결합한 마케팅의 대표적 예가 되고 있습니다. 이후 많은 대기업들이 문화마케팅을 확대하였고, 최근 면세점에서는 한류공연과 결합한 문화행사가 종종 개최됩니다. 이와 같은 문화콘텐츠와 경제는 시간이 지나면 지날수록 더욱 밀접해질 수 있고, 이러한 시대 흐름에 따라 문화콘텐츠를 통해 기업에 수익을 가져다주는 '문화마케터'의 역할은 커질 전망입니다.

한국문화콘텐츠 진흥원에 따르면 1990년부터 2003년까지 14년 동안 우리나라 전체 산업 규모는 4배나 증가했고 이 가운데 문화산업은 6배 이상 증가한 것으로 조사되었습니다. 특히 국내에서는 영화, 드라마 등 국내 문화의 해외 진출이 늘고 있고 많은 기업에서 문화가 회사 이미지를 좋게 만들고, 고객들의 긍정적인 반응을 이끄는 축이 된다는 걸 깨달으며 관련 전담부서를 두고 있어 앞으로 일자리수도 증가할 것으로 예상됩니다.

03 진로독서 함께 해요

제1도서 진로독서 활동(초등용)

도서	탈무드 111가지 지혜와 꿈	도서정보	홍성민 지음 / 세상모든책

초등학교 저학년 생활은 스스로 판단하고 행동하는 것을 필수적으로 연습해야 하는 시기입니다. 친구, 선생님 등과의 관계는 넓어지는데, 그 안에 일어나는 문제는 스스로 책임질 줄 알아야 합니다. 왜 말조심이 중요한지, 왜 다른 사람을 배려해야 하는지, 옳고 그름을 판단하기 어려울 땐 어떻게 해야 하는지 등 아이가 처한 상황에서 최대한 올바르게 행동할 수 있는 지혜를 제공하는 것! 그 지혜를 아이들이 이해하기 쉽게 풀어낸 것! 바로 탈무드입니다. 먼저 이 책을 문화마케터에 추천하는 이유는 문화라는 것은 인간이 모여 만든 사회라는 곳에서 만들어지는 유무형의 산물입니다. 이 문화에 대한 이해를 하기 위해서는 인간 본연에 대한 이해가 뒷받침 되어야합니다. 이 책은 초등학생들이 읽기에 적합하게 재미있는 그림과 글로 지혜로운 이야기들을 구성하고 있습니다.

3단계별 이야기식 진로독서 활동

가. 배경지식으로 찾아보기

📢 일상생활을 하면서 상대방에 대해서 생각해 본 적이 있나요? 언제, 누구와 무엇에 대해서 생각해 보았나요?

📢 상대방에 대한 생각을 하면서 타인에 대한 이해와 공감을 하게 되었는지 이야기를 나누어볼까요?

나. 책 속에서 진로 찾기

📢 사람이 고마워서 행복, 작은 일에도 감사함을 느끼는 마음 관련 단원을 읽으면서 어떠한 직업에 관심이 생기기 시작했나요?

📢 사람, 인간에 대한 이해를 바탕으로 우리가 좋아하는 문화에 대해 더 궁금한 사항이 있나요? 관련 직업에는 어떠한 것들이 있을까요?

📢 어릿광대 · 공감, 낮은 데로 흐르는 마음의 주파수를 읽고 우리가 가장 많은 공감을 느낄 수 있는 문화콘텐츠가 무엇인지 떠오르는 생각이나 느낌을 아래 상자에 자유롭게 표현해 보아요.

다. 책 밖에서 진로 찾기

📢 문화마케터는 대학에서 하나의 전공만을 가지고 선택할 수 있는 직업은 아닙니다. 그렇다면 문화마케터가 되기에 적합한 적성에는 어떠한 것이 있을까요?

📢 문화마케터와 비슷하게 관심 있는 분야에 대해 마케팅을 목적으로 하는 직업에는 어떠한 일들이 있을까요?

찬반형 진로독서 활동

📢 토론해 봅시다.

불과 몇 달 새 전해진 뉴스들이다. 전 세계는 콘텐트 확보를 위한 경쟁의 소용돌이 속으로 빠져들고 있는 모양새다. '파이낸셜타임스'는 디즈니가 폭스를 인수한 사건에 대해 "콘텐트의 위상이 그 어느 때보다 높아졌음을 증명하는 사건"이라고 평했으며, '이코노미스트'는 "갑자기 모든 기업이 넷플릭스가 되려고 한다"고 했다. 2013년 '하우스오브카드'로 엄청난 성공을 거둔 '넷플릭스'가 오리지널 콘텐트를 무기로 전 세계 가입자 수 1억을 돌파하면서 명실상부한 콘텐트 No.1 기업으로 올라서니, 이에 질세라 '디즈니', '애플', '아마존' 등 세계적인 기업들이 앞다투어 콘텐트 확보에 열을 올리고 있는 것이다. 이처럼 콘텐트의 위상이 높아졌음을 증명하는 현상은 국내에서도 쉽게 찾아볼 수 있다.

유튜브에서 2017년 한 해 동안 국내에서 가장 많은 조회수를 기록한 영상을 발표했는데 1위가 '핑크퐁 상어가족'이었다. 핑크퐁 모바일 앱은 전 세계 164개국에서 누적 1억5000만 다운로드를 기록 중이다. 잘 만든 콘텐트 하나의 힘을 여실히 보여주는 사례다.

〈출처: 플래티넘 외부기고, 이성길, 2018, 01.05〉

📢 토론 논제 : 미디어 콘텐츠를 활용하는 능력은 문화마케터에게 필수이다.

필수이다. 왜냐하면 전세계가 콘텐츠 확보를 위한 소용돌이 속으로 빠져들고 있는 가운데 미디어 콘텐츠를 이해하고 활용하는 것이 중요해졌기 때문이다.

반대

아니다. 왜냐하면 세계는 콘텐츠가 중요해지는 시기라고 해도 문화마케터의 본질과 거리 있는 미디어 콘텐츠ㅍ활용 능력이 필수라고는 할 수 없다.

| 도서 | 빅데이터 경영을 바꾸다 | 도서정보 | 삼성경제연구소 / 함유근, 채승범 |

이 책은 2010년대 들어 최대의 이슈로 부상한 '빅데이터'가 과연 무엇이며 왜 '세상을 바꿀 지혜의 쓰레기통'으로 불리는지, 무엇이 빅데이터 시대라는 도도한 트렌드를 만들어내고 있는지를 살펴본다. 또한 광범위한 산업의 현장에서 빅데이터가 어떻게 경영의 모습을 바꾸어놓고 있는지, 그리고 데이터의 생산과 소비 대국인 한국이 데이터의 활용에서도 당당한 주역이 되기 위해서는 무엇이 필요한지를 보여준다.

문화마케터를 위해서는 시대의 흐름을 알아야한다. 또한 통계학을 기본으로 알고 있다면 업무 역량이 훨씬 넓어질 수 있다. 이를 위해서 시대의 흐름에 맞는 책을 읽어 보다 트렌디한 문화마케터가 되기 위해 이 책을 추천한다.

3단계별 이야기식 진로독서 활동

가. 배경지식으로 찾아보기

📢 우리는 매일 인터넷과 함께하는 세상에서 살고 있습니다. 만약 인터넷이 없다면 어떠한 삶으로 돌아갈 것 같나요?

📢 문화 분야도 인터넷을 통해서 많은 것들을 소개하고 또한 대중매체를 통해서 우리가 접할 수 있습니다. 그렇다면 우리가 접했던 하나의 문화 콘텐츠를 예를 들고 구체적으로 어떠한 부분에서 관심을 가져 그 문화를 활용하게 되었는지 이야기를 나눠볼까요?

나. 책 속에서 진로 찾기

📢 여러분이 이번 주에 가족들과 영화를 보러가기로 했습니다. 관련 정보를 어디에서 찾을 수 있을까요?

📢 그 정보를 찾아오는 과정에서 영향력을 행사했던 사람이나 사이트에 대해 이야기해볼까요?

◁┊ 그 사람이나 사이트가 하는 역할은 무엇인가요?

다. 책 밖에서 진로 찾기

◁┊ 문화마케터라는 일은 다양한 문화 콘텐츠를 자신만의 적합한 안목을 가지고 매체를 통해서 표현합니다. 그렇다면 문화마케터는 단순히 문화 상품을 판매하는 역할을 하는 것이 아니기에 자질 부분에 있어서 중요합니다. 문화마케터에게 요구되는 자질에는 어떠한 것들이 있을까요?

◁┊ 문화마케터가 경계해야하는 부분에 대해서도 이야기를 나눠보아요.

찬반형 진로독서 활동

🔊 토론해 봅시다.

🔊 토론 논제 : 문화마케터의 역할을 구체적으로 나누는 것이 필요하다.

[찬성] 필요하다. 왜냐하면 문화라는 것도 구체적인 분야가 다양하여 보다 전문성을 가지고 마케팅을 하기 위해서는 반드시 필요하기 때문입니다.

[반대] 필요하지 않다. 왜냐하면 문화마케터는 현재 아주 활발한 직업군은 아니며 이를 더 분류한다면 이 직업의 정착이 어렵기 때문입니다.

📢 다음 기사 내용을 보고 물음에 답해 보세요.

'황금 개띠해'인 2018년 올해 마케팅 코드는 단연 '황금개'일 것이다. 원래 '코드'란 '어떤 사회나 계급, 직업 따위에서의 규약이나 관례' 등을 뜻한다. 인간의 창의성에 바탕을 둔 문화산업은 무한한 가치 창출이 가능한 분야이기에 마케팅의 중요성이 더욱더 강조되는데 이를 위해 '문화코드'의 이해는 필수적이다.

최근 중동지역에 K-POP뿐만 아니라 'K뷰티'라는 이름으로 화장품, 의류 등의 판매 실적이 크게 늘고 있다. 여기서 간과해서는 안 될 것이 바로 문화코드다. 예컨대 아랍 남성에게 '금'으로 생산한 제품의 선물은 피해야 하는데 아무리 돈이 많아도 아랍 남성들은 금으로 된 액세서리를 착용하지 않으며 결혼반지도 금반지가 아닌 은반지를 착용하기 때문이라고 한다. 미국인의 문화코드는 '꿈'(Dream)이라고 한다. 최초의 미국 이민자들은 정치적·종교적 이유 등으로 다시는 고향으로 돌아갈 수 없었기에 '꿈'은 처음부터 미국 문화를 움직여온 동력이었다. 즉, 새로운 땅을 찾아온 이민자들의 꿈, 연합국가를 상상한 건국의 아버지들 꿈이었던 것이다. 이러한 미국 문화는 할리우드와 디즈니랜드를 만드는 동력이 됐고 또 인터넷이나 컴퓨터를 통해 미국인들의 '꿈'을 전 세계에 전파하여 세계에서 가장 강력하고 영향력 있는 문화를 가진 국가가 되었다.

이러한 의미에서 문화코드는 어쩌면 문화산업의 '원형'일지도 모르겠다. 현재 우리나라의 문화코드는 무엇일까? 급속한 경제 발전과 민주화로 세대 간 공통의 문화코드를 발견하기는 쉽지 않다는 의견도 있다. 1990년

대 문화소비의 익숙한 청소년기를 보낸 지금의 중장년층들은 현재 문화시장의 주역이 되었다. 특히 소득과 여가의 증대로 이들의 '문화적 소비욕구'는 더욱 커지고 있다. 또 한 축의 문화 소비 계층으로서 인구의 약 15%를 차지하는 베이비붐 세대를 들 수 있다. 한 설문조사에서 이들은 희망하는 노후생활로 '취미생활과 자기계발'을 우선으로 손꼽았다고 한다.

앞으로 베이비붐 세대를 고객층으로 확보하도록 그들의 문화코드에 맞는 문화 마케팅 전략 수립과 솔루션 능력을 갖춘 문화 마케터의 육성이 필요하다고 본다. 세계의 모든 나라가 문화콘텐츠 핵심기술 개발과 융합연구를 통해 '문화산업 강대국'을 꿈꾸고 있다. 그러나 문화산업 특성상 콘텐츠의 대량생산과 대량유통으로 획일화된 문화상품이 공급돼 대중의 자유선택권을 외면할 수 있으며, 때로는 기업 경영 관점에서 문화예술의 가치를 훼손하는 방향으로 상품화가 진행될 수도 있다. 하나의 문화가 그 사회 구성원의 '코드'라는 무의식적 발견이라면 '문화코드'에 기반을 둔 문화산업만이 성공할 수 있다는 것은 너무나도 분명하다.

〈출처: 매일신문=이상철 주무관 기사. 2018.01.05.〉

1) 문화마케터가 관심을 가져야할 영역은 어디일까요?

2) 앞으로 문화산업 강대국으로 성장하기 위해서 발전시켜야할 문화코드에 대해서 이야기해 볼까요?

3) 개인적으로 관심 있는 문화 분야를 하나 정하고, 그거에 대한 마케팅을 구체적으로 생각해보아요. 아래 자신의 느낌이나 감정을 편하게 그림으로 표현해도 좋아요.

문화마케터 이한호씨 인터뷰

Q) 현재 하고 계신 일은? 어떻게 이 일을 시작하게 되셨나요?

A) 대학생활을 하면서 문화에 대한 관심은 커져갔습니다. 동아리 생활을 통해 문화에 대한 경험이 많아졌고, 특히 2003년 남양주 세계야외공연축제는 직접적으로 이쪽 분야에 발을 들여놓는 계기가 되었습니다. 약 보름간의 자원 활동을 통해 공연과 축제에 대한 관심도가 높아졌습니다. 이후, 컬쳐유니버라는 대학생연합 문화마케팅 스터디 동아리에서 이론적인 공부도 겸하게 되었고, 대학시절 2학년 때 휴학을 하고 공연기획사에 입사하였습니다. 공연기획과 홍보 업무를 맡게 되었고, 특히 세계적인 공연축제 프랑스 아비뇽페스티벌과 에딘버러 페스티벌에서 직접 기획한 공연을 가지고 참여하였습니다.
하지만 그러한 경험을 통해 공연이라는 장르에 한정적으로 참여하기보다는 문화 전반적으로 문화마케팅 전략과 실행업무를 진행하고 싶다는 생각이 들어 졸업 후, 바로 풍류일가라는 문화마케팅 전문업체에 입사하게 되었습니다. 저희 회사는 주로 문화예술 교육을 개발하고 진행하는 업무를 담당하고 있습니다.

Q) 이 일을 하면서 힘들었던 점은? 또 언제 보람을 느끼셨나요?

A) 문화마케팅은 어느 직종보다 창의적인 능력을 요구합니다. 따라서 새롭고 재미있는 아이디어를 생각해내고, 실행계획을 세우는 것은 항상 부담되고 어려운 점입니다.
보람을 느꼈던 일은 회사에서 문화예술교육 프로그램인 '팀버튼'을 진행하면서겪은 일입니다. 일을 하다보면 조직마다 그 조직 자체의 문화나 분위기가 존재합니다. 어떤 공공기관에서 팀버튼을 진행할 때의 일이었는데요, 그 기관에서는 참여하는 대상이 기관의 공무원들과 주민들이었는데, 서로 사이가 좋지 않았고, 그들의 관계회복이 팀버튼을 진행하는 목적이었습니다. 처음 교육을 시작할 때, 정말 살벌할 정도로 분위기가 경직되어 있었습니다. 이 프로그램을 왜 진행하는지에 대해 서로 의심과 경계의 눈빛을 늦추지 않았습니다. 하지만 교육 후반으로 갈수록 서로의 경계가 무너지는 것을 경험하였고 분위기는 한결 좋아졌습니다. 단순히 한 번의 경험으로 오랫동안 그들이 가지고 있는 불신이 깨지기는 힘들겠지만 문화를 통해 사람들의 마음이 유연해지는 것을 보면서 큰 보람을 느꼈습니다.

Q) 이 직업의 매력은 무엇이라고 생각하시나요?

A) 우리는 소설을 읽으면서, 또는 공연을 보고, 영화를 보면서 눈물을 흘리거나 큰 감동을 느끼거나 하는 경험을 한 번 이상씩은 겪어 보았을 겁니다. 우선 이 직업은 사람에게 감동을 주는 문화와 직접적으로 관계를 맺고 그것을 매개체로 하여 기업에서는 소비자에게 그 감동을 전달하고, 기업의 브랜드 제고는 물론 상품의 가치를 높이는 역할까지 합니다. 이 역할을 한다는 것은 큰 매력입니다. 또한 다양한 분야의 사람들(기업인, 문화예술가, 소비자)을 만나고, 관계를 맺습니다. 문화의 중심에는 항상 사람이 존재합니다. 문화를 통해 맺는 관계들은 가슴을 따뜻하게 하고 사회와 나아가 세계를 따뜻하게 만든다고 생각합니다.

Q) 이 일을 하고자 하는 사람들이 있다면... 어떤 준비와 노력을 해야 하나요?

A) 문화마케터가 되기 위해서는 다양한 경험을 축적하는 것이 필요합니다. 다양한 문화생활을 통해 공연 등 문화 전반에 대한 지식과 시각을 확보하는 것이 필요하며, 더불어 마케팅에 관한 전문적 지식을 갖추는 것도 중요하죠. 또한 무엇보다 이일이 자신의 적성과 흥미에 맞는지 잘 판단하고 결정하라는 말을 하고 싶어요. 최근 문화에 대한 관심이 높아지면서 자신의 적성을 고려하지 않고 관련 분야로 무작정 띄어드는 경우도 있는 것 같은데, 그럴 경우 끝까지 이 일을 하기 힘들 것 같습니다.

Q) 마지막으로 이 직업을 희망하는 후배들에게 한마디 부탁드립니다.

A) 갈수록 취업에 대한 부담과 어려움이 커지고 있는 것 같습니다. 무엇보다 자신의 꿈을 고민하고 노력하는 모습이 점점 부재하고 있는 것이 현실입니다. 단순히 영어실력을 높여서 대기업에 취업해야겠다는 것, 공무원이 되어 안정한 생활을 누리겠다는 것, 이런 것들이 꿈이 되어 버린 현실입니다.

하지만 직업을 선택하고, 꿈을 향해 나아간다는 것은 삶에서 아주 중요한 부분이라고 생각됩니다. 다양한 경험을 통해 꿈을 찾으십시오. 그 꿈을 찾았다면 직접 행동으로 움직이는 것이 중요합니다. 무엇보다 이 일을 하면서 즐거울 수 있는가 없는가의 고민은 중요합니다. 자신이 하는 일이 즐거워야 행복한 삶을 살아 갈 수 있다고 생각합니다. 내가 행복하기 위하여 할 수 있는 일, 그 일을 찾는 것이 인생의 중요한 숙제인 것 같습니다. 그래서 다양한 경험은 중요하고 그 과정 속에서 이 일의 업무 능력을 키우는 데도 큰 영향을 끼칠 것입니다.

나는 '문화마케터'에 얼마나 적합한 사람일까요?

(사전 적합도 평가)

📢 다음 물음에 따라가며 자신의 적성을 파악해 보세요.

1. 아래 내용을 읽고 자신의 성격 특성과 가깝다고 생각하는 것에 ○표 하세요.

상대를 배려하는 마음을 가지고 있다.	다른 사람들에게 편안하게 이야기할 수 있다.	다양한 변화를 받아들일 수 있다.	호기심이 많으며 적극적이다.
삶 자체에 전반적으로 관심이 많다.	나는 긍정적이다.	인간에 대한 이해를 배워나가고 있다.	내가 좋아하는 것에 대해 3가지 이상 말할 수 있다.
용감하며 진취적이다.	조리있게 스토리텔링을 한다.	글로 자신의 생각을 표현하기가 쉽다.	꾸준하며 차분하다.

2. ○표의 개수를 통해 자신의 직업 적성도를 파악해 보세요.

적성도 A등급 (9~12개)	적성도 B등급 (5~8개)	적성도 C등급 (0~4개)
당신은 문화마케터의 기본적인 자질을 충분히 갖추고 있습니다. 앞으로 관련 분야에 대한 학습을 토대로 빛날 미래를 기대하셔도 좋아요.	당신은 문화마케터의 자질을 어느 정도 갖추고 있습니다. 좀 더 적극적으로 관련 분야에 대한 관심을 가지고 가능성을 키워 보세요.	당신은 문화마케터가 되기에는 적합하지 않지만, 관련 역량을 하나씩 배워가며 자신의 적성과 맞는지 살펴보세요.

※ 직업 적합도 평가는 주간적인 체크리스트이므로 참고 자료이지 절대적인 것이 아닙니다. 직업이 갖는 목적과 의미를 생각하며 원하는 마음이 생겼다면 관련 역량을 기르기 위해 꾸준히 노력하는 것이 더 중요하겠지요.

십대를 위한 직업 콘서트
저자 이랑 / 꿈결출판사

진로에 대해 청소년의 눈높이에서 고민하고 청소년들이 선호하는 직업을 분야별로 구체적으로 소개하고 있다. 이번 개정판에서는 인공지능 전문가, 뇌기능분석가, 의료정보분석사, 펀드레이저, 한류문화마케터 등 '미래 유망직업'을 추가 보강하였고 최신 자료로 업데이트 하여 변화하는 직업 세계를 충실하게 반영하였다.

특히 다양한 직업 가운데 청소년들이 가장 궁금해하는 정보를 수록하여 원하는 꿈을 이룰 수 있도록 응원한다. 1막에서는 진로와 직업에 대한 질문과 답을 통해 십대들이 직업의 의미에 대해 돌아보고 올바른 직업관을 세울 수 있도록 돕는다. 2막에서는 십대가 선호하는 직업 위주로 앞으로 발전 가능성이 있는 유망직업을 선별하여 소개한다. 더불어 각 분야 전문가의 생생한 인터뷰도 수록하여 직업을 이해하는데 도움을 준다.

꿈꾸는 독종
저자 황인선 / 소담출판사

25년간 대기업의 문화전략과 마케팅에서 활동하며 서태지와 상상체험단 프로젝트, 온-오프라인 상상마당 기획 등 획기적 아이디어로 수많은 융합 사례를 남긴 마케터 황인선의 『꿈꾸는 독종』. 추락하는 한국이 새로운 미래를 꿈꿀 수 있도록 도와주고, 한국을 배우려는 세계에는 왜 한국이 빨리 성장할 수 있었는지 알려주는 책이다.

이스라엘이 후츠파(chutzpah, 담대, 배짱, 돌파력) 정신으로 자신의 역사에 도전했다면, 한국인은 독종 정신과 깡으로 오늘날 세계인들이 부러워하는 성공을 이뤘냈다. 저자는 이제껏 해왔던 독종의 정신을 잘 발전시켜 이어간다면 분명 새로운 미래가 펼쳐질 것이라 이야기한다. 단, 깡과 독종만으로는 부족하기에 그냥 독종을 넘어선 꿈꾸는 독종으로 변모해야 한다고 말하며 이제 한국이 나아갈 길은 꿈꾸는 독종의 길임을 강조한다.

공연기획마케터

공연기획마케터는 상품으로써의 문화를 기획하고 판매하는 역할을 합니다. 공연전문업체, 기업의 마케팅 부서,문화마케팅 전문업체 등에서 문화의 부가가치를 만들어 낼 수 있는 다양한 일을 하며 공연마케터, 전시마케터 등을 포함하여 문화마케터라고 불리기도 합니다.

공연예술단체의 경영 및 마케팅 활성화를 비롯해 문화를 활용하는 기업의 내부 경영, 도시와 지역의 문화경쟁력 강화를 위한 프로그램 마련, 문화예술 교육 프로그램 개발 등 이들이 하는 일과 업무영역은 매우 다양합니다. 공연기획마케터는 주로 진행 중인 공연의 마케팅 전략을 세우고 해외 수출 등을 담당한다. 우리나라 드라마를 외국에 수출해 한류열풍을 돕기도 하고, 인기가 있는 해외 영화나 드라마, 공연, 전시작품을 한국에 들여와 관객에게 소개하는 일도 합니다. 좋은 공연이나 전시를 골라 기업이 후원 하거나 기업 이미지를 높이는 차원에서 티켓을 구매해 고객들에게 선물하는 등 다양한 아이디어를 제시하고 추진하기도 합니다.

전시기획마케터

　신문이나 방송에서 EXPO, FAIR, SHOW라고 하는 전시회의 광고를 본 적이 있으신가요? 다양한 정보를 한자리에서 쉽게 접할 수 있기 때문에 인기 있는 전시회에는 수만 명의 사람들이 몰리기도 합니다. 이런 전시회를 책임지고 이끌어 가는 사람이 전시기획자 입니다.

　전시기획자라고 하면 전시를 준비하면서 이것저것 감독하고 지시하는 폼 나는 직업이라고 생각할 수도 있지만, 생각보다 할일이 엄청나게 많습니다. 하나의 전시회를 개최하기 위해서 전시기획자가 하는 일을 살펴보면, 전시를 의뢰받은 경우가 아닌 스스로 전시를 개발하여 개최 할 경우, 제일 먼저 어떤 전시를 할 것인지에 대한 아이템(ITEM) 선정을 합니다. 그리고 시장조사를 하게 되는데 이때에는 국·내외 유사 전시회를 참고하고 업계의 현황을 파악하여 선정된 아이템이 전시가 가능한지를 판단합니다.

참고 자료

• 헤라마케팅 / 황인선 / 은행나무 / 2007
• 나는 다른 것을 본다 / 송현석 / 쌤앤파커스 / 2018
• 워크넷 www.work.go.kr
• 사)한국여성인력개발센터연합 www.vocation.or.kr
• 여성능력개발원 http://wrd.seoulwomen.or.kr
• 한국콘텐츠진흥원 www.kocca.kr

MEMO

3장

개인 브랜드 매니저

개인 브랜드 매니저는

개인브랜드매니저는 개인의 가치를 객관적으로 살피고 다양한 데이터를 수집하여 장점을 개발하고 그 사람에게 맞는 일을 찾아 주어 행복하게 일할 수 있도록 도움을 주는 직업입니다.

직업 관련 재미있는 이야기

대체 '그'는 어떤 사람일까?

영화 '인사이드 아웃'을 보면 주인공 '라일리' 머릿속의 감정 컨트롤 본부에는 기쁨이, 슬픔이, 버럭이, 까칠이, 소심이가 살고 있습니다. 평소 라일리의 머릿 속에서 가장 활발히 활동을 하고 있던 친구는 기쁨이었습니다. 하지만 '라일리'가 이사를 하고 나서 기쁨이와 슬픔이가 본부를 이탈하며 상황은 완전히 바뀌게 되지요.

여러분의 감정 컨트롤 본부에는 누가 가장 바쁘게 활동하고 있다고 생각하나요? 기쁨이인가요? 버럭이인가요? 아니면 까칠이인가요?

이제 여러분과 친한 친구나 가족을 떠올려 보세요. 떠올려 보았나요? 그럼 곰곰이 그 사람의 감정 컨트롤 본부 상황을 생각해 보세요. 평소 그 사람은 어떤 감정들이 어느 정도 비중을 차지하고 있는지 다음 뇌그림에 색으로 표현해 봅시다.

기쁨이	노랑	슬픔이	파랑
버럭이	빨강	소심이	보라
까칠이	보라		

떠올린 사람:

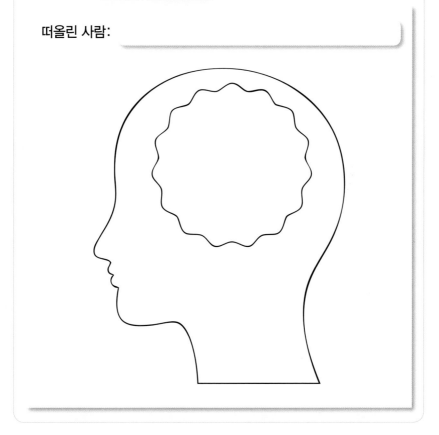

잘 판단이 서나요? 이런 작업이 재미있나요? 사람을 꿰뚫어 보고 그의 잠재성을 본다는 것은 매우 어려운 일입니다. 하지만 꾸준히 노력하여 누군가에게 적합한 일을 찾도록 도움을 주고, 행복한 삶의 길을 찾아가도록 안내할 수 있다면 그처럼 보람있는 일은 없을 것입니다.

특히 미래 사회는 대기업에 소속되기보다 1인 기업이 많아질 것으로 예상되면서 자신의 능력과 적성을 알고 그에 알맞은 일을 찾아가는 일의 중요성은 더해질 것입니다. 회사의 상품이 아니라 개인이 자신만의 브랜드를 가져나가야 하는 것이지요. 그런 면에서 개인브랜드 매니저의 도움이 많은 이의 필요와 만족을 이끌어 줄 수 있을 것입니다.

개인 브랜드 매니저는 개인의 가치를 객관적으로 살피고 다양한 데이터를 수집하여 장점을 개발하고 그 사람에게 맞는 일을 찾아 주어 행복하게 일할 수 있도록 도움을 주는 직업입니다. 과연 미래 사회에서는 어떤 방식으로 '당신에게 딱! 맞는 일입니다.'라고 말해줄 수 있을지 상상하면서 개인 브랜드 매니저에 대해 알아봅시다.

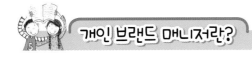
'평생 직장'이라는 개념이 없어졌다는 말은 이미 현재에도 적용되고 있습니다. '공무원'같은 직업을 제외하면 평생에 직업을 몇 번 바꿀 수 있다는 생각을 하는 사람이 많습니다. 현재는 그 과도기에 해당하는 시기로 안정적인 직업을 얻고자 각종 고시에 몰리는 등의 현상이 일어나지만, 사회의 변화가 더욱 속도를 더해가면서 직종을 바꾸는 것이 좀 더 보편화되고 당연하게 인식될 것으로 보입니다.

특히 이제는 각종 기술의 발달 등으로 인해 대기업 등에 소속되기보다 개인이 기업화 될 것입니다. 대기업이 극소수만 남고 필수 부서를 제외하면 많은 업무를 외부에 위탁하거나 일시계약에 의해 이루어질 것이라고도 합니다. 즉, 필요한 프로젝트가 생기면 일시적으로 적절한 인력을 활용하여 수행하는 식이 되는 것이지요. 세계미래보고서에서는 직장 팀워크 등이 사라지고 1인 기업들이 존재하게 될 것이라고 예측하기도 했습니다.

이러한 사회에서는 좀 더 유연하고 창의적인 태도가 매우 중요합니다. 또한 자신감을 가지고 스스로 자신의 브랜드 가치를 알고 명확히 할 필요가 있습니다. 그래야 필요한 프로젝트가 생길 때 적절한 곳에 들어가 훌륭하게 수행할 수 있고, 자신만의 색을 가진 성공적인 1인 기업을 만들 수 있을테니까요. 그러나 대부분의 사람은 자신의 브랜드 가치를 알아가는 것을 상당히 어려워합니다. 자신의 강점과 약점을 객관적으로 파악하기 어려워할 수도 있고, '이 능력으로 될까?'라는 의구심을 갖고 당당하게 도전하기 어려워하기도 합니다. 그리고 자신의 능력을 파악했다고 해도 무엇을 어떻게 노력해야 할지 감을 잡기 어려운 경우도 많습니다. 실제 직업으로 연결되는 정보가 부족할 수도 있습니다. 이러한 경우 의뢰인의 다양한 데이터를 바탕으로 평가하여 장점을 개발해 나가고 성공적으로 능력을 발휘하여 직업 생활을 영위할 수 있도록 돕는 직업이 개인 브랜드 매니저입니다.

개인 브랜드 매니저는 의뢰인이 사회구성원으로서 원활하게 활동할 수 있도록 의뢰인이 가지고 있거나 개발하기를 원하는 기술과 능력, 지식에 대해 파악하고, 이러한 특징들을 스스로 인식할 수 있도록 돕습니다. 또한 그 능력이 성공적인 직업 생활로 연결될 수 있도록 돕기도 합니다. 개인 브랜드 매니저가 하는 일은 다음과 같습니다.

- 의뢰인에게 각종 검사 및 상담을 실시하여 적성, 성격, 심리, 교육수준, 경력 등을 파악하여 이를 바탕으로 알맞은 취업전략을 찾아 소개합니다.
- 의뢰인의 강점은 부가시키고 약점은 보완할 수 있는 방법을 찾아 의뢰인만의 브랜드를 구축할 수 있도록 돕습니다.
- 직업 활동 뿐 아니라 개인의 특성이나 생애목표 등을 파악하여 더 행복하고 만족스러운 삶을 살아갈 수 있도록 문제점을 파악하고 해결방안을 제시해 줍니다.

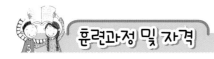
'개인 브랜드 매니저'라는 직업이 현재 우리나라에서 생소하지만 '헤드헌터', '라이프코칭'과 유사한 부분이 있습니다. 헤드헌터는 기업이 필요로 하는 인재를 연결해주는 역할, 라이프코칭은 관련 분야에 대해 상담해주고 방향을 제시해 줌으로써 성공적으로 일을 수행해 나가는데 도움을 주는 일입니다. 개인 브랜드 매니저는 헤드헌터보다는 좀 더 총체적으로 넓은 분야면서 단순한 직업 연결보다 개개인의 브랜드 구축에도 초점이 있습니다. 그리고 직업을 찾아준다는 점에서 라이프코칭보다는 범위가 좁을 수 있으나 좀 더 많은 데이터 및 자료를 기반으로 한 일이라는 부분에 차이를 보일 것입니다. 하지만 본질적으로 의뢰인의 행복한 삶을 돕는 일이라는 점에서 맥을 같이 하고 있겠지요.

미국에는 개인 브랜드 매니저 자격증이 있습니다. 미국에서 개인 브랜드 매니저가 되기 위해서 반드시 요구되는 학력은 없으며, 4년제 대학교에서 경영학, 마케팅, 심리학, 교육학, 사회복지학 등을 전공하는 것이 유리합니다. 일부 대학교에서는 실전 경험까지 연결한 코칭 인증 프로그램을 제공하고 있습니다.

개인 브랜드 매니저는 외국인 대상으로 할 경우도 있으므로 외국어 구사 능력이 중요시 됩니다. 인력 관리 능력과 협상 능력, 설득력이 중요하며, 원활한 대인관계와 배려심도 필요합니다.

직업의 특성상 경력이나 명성이 매우 중요시됩니다. 코칭을 받고자 하는 사람은 자신을 잘 파악하고 성공적인 일의 수행을 도울 수 있는 사람을 원하기 때문에 명성이 있는 사람을 선호하겠지요. 자격을 인증하는 증명서도 반드시 필요합니다. 따라서 코칭 관련 학회나 교육기관에서 개인생활코칭, 조직 및 임원 코칭, 코칭 마스터 등 준공인 코치프로그램(ACC)이나 전문인증 코치프로그램(PCC), 마스터인증 코치프로그램(MCC)을 이수하면 좋다고 합니다. 프로그램에 따라 응시자격으로 100~2,500시간 이상의 현장경험을 요구하기도 합니다. 일부 기관은 온라인 인증 프로그램을 제공하기도 합니다.

국제코치연맹(International Coach Federation)에서 인증한 자격을 취득하고 있지만, 개인 브랜드 코칭에 특화된 협회에서 자격을 취득하기도 합니다. 개인 브랜드코치협회가 대표적인데 개인브랜드코치협회(Authentic Personal Brand Coach Federation)에서는 개인 브랜드 코치 자격 프로그램(The Certified Authentic Personal Brand Coach) 일반과정, 마스터과정을 개설하여 자격을 인증하고 있습니다. 개인 리더십 브랜딩 교육을 3~4일 동안 학습한 후 10~15시간의 코칭실습을 통해 개인 브랜드 매니저로서 자질을 가질 수 있도록 하는 것이지요.

02 누구에게 어울릴까

흥미와 적성

　아무리 열심히 연습을 해도 직업을 선택하는 데 있어 타고난 흥미와 적성이 중요합니다.

　개인 브랜드 매니저는 기본적으로 타인에게 신뢰감을 주는 성향의 사람에게 적합합니다. 사회성이 잘 발달되어 있는 사람이 유리한 것이지요. 내향적이고 다소 폐쇄적인 사람에게는 매우 힘든 일이 될 수 있습니다. 상담및 심리에 대한 기본적인 지식을 갖추고, 의뢰인과 나누는 대화 주제에 깊이 공감하거나 집중할 수 있어야 합니다.

　의뢰인 이외에 각종 기업인 등 매우 다양한 사람을 대면해야 하므로 능숙한 의사소통능력과 타인에 대한 배려심, 인내심이 요구되며 봉사정신도갖추면 좋겠지요. 그러면서도 업무에 있어서 윤리의식과 원리원칙을 따라야 합니다. 수많은 사람을 대면하면서 원칙을 세우지 않으면 의뢰인에게오히려 혼란을 줄 수도 있을 것입니다.

　또한 미래 사회에서는 유의미한 데이터 확보의 여부가 가장 관건일 것입니다. 때문에 네트워크 활용기술 또한 갖추고 있으면 좋을 것입니다. 자료를 체계적으로 분석하고 개인 브랜드 관리를 할 수 있는 통찰력 또한 매우 중요합니다. 사물이나 현상을 바라볼 때 너무 세부적인 것에 집착하기보다 중요하고 핵심적인 것을 보는 것을 즐기는 성향이 좋겠지요. 많은 경험을 즐기고 간접경험 형태인 독서를 즐기는 것도 중요한 덕목이 될 것입니다.

개인 브랜드 매니저의 현재 모습

개인 브랜드 매니저는 현재 미국 등에서 인적자원 공급 회사, 헤드헌팅 회사에 근무하고 있습니다. 회사에서 개인의 경력 데이터를 체계적으로 관리하여 각 개인에 맞는 브랜드를 구축해 주고 있습니다. 하지만 현재 국내에서는 개인 브랜드 매니저의 활동을 라이프코치가 대신하고 있습니다. 이들은 개인의 잠재능력을 발견하여 삶에서 일어날 수 있는 문제를 해결하고 목표를 달성하도록 돕는 코치로, 다양한 영역에서 활동하고 있습니다.

주로 상담 관련 업무 경험이 있는 사람이 라이프코치 과정 등을 이수한 후 라이프코치로 활동합니다. 이들은 주로 코칭 회사에 고용되어 활동하거나, 직접 라이프코칭 관련 업체 등을 창업해 운영하기도 합니다.

다만, 현재 라이프코치나 비즈니스 코치에 활동하는 종사자 수는 약 200명 정도로 파악되고 있으나 이중에는 재무설계사, 각 기업체 임원, 자영업자, 교사, 스님과 수녀와 같은 성직자 등도 다수를 이루고 있습니다. 따라서 전문적으로 코치 활동만 수행하는 직업인은 아직 별로 없습니다.

국내에서도 개인을 홍보해서 브랜드화하려는 시도들이 점차 더 늘어날 것입니다. 급변하는 사회에서 진정한 자기 자신을 알고자 하는 사람들의 욕구는 계속 커질 것이기 때문입니다. 현재 이미 각계에서 코칭이라는 용어가 붐을 일으키는 만큼 전문화 세분화 되어 개인 브랜드 매니저라는 직업이 부상할 것으로 보입니다. 코칭 분야는 사회의 변화에 따라 점차적으로 전문화 · 세분화될 것이므로 국내에서도 개인 브랜드를 탐색하고 구축하는 개인 브랜드 매니저가 점차 늘어날 것으로 보입니다.

03 진로독서 함께 해요

제1도서 진로독서 활동(초등용)

도서	이게 정말 나일까	도서정보	요시타케 신스케 / 주니어김영사

어느 날 나에게 찾아온 도우미 로봇 한 대. 나는 하기 싫은 숙제, 심부름, 청소 등을 시킬 생각에 로봇을 '가짜 나'로 만들려고 합니다. 하지만 가짜라는 것이 들키지 않으려면 나에 대해 설명해 내야 되는데...... 과연 나는 어떤 사람일까요? 생김새, 취향, 능력, 성격, 가족관계, 과거 등 갖가지 정보를 하나씩 풀어놓습니다. 과연 한 사람을 제대로 알려면 얼마나 어떻게 알아가야 할까요? 개인브랜드 매니저와 연결하여 사람을 알아가는 과정을 짚어봅시다.

3단계별 이야기식 진로독서 활동 •

📢 여러분은 사람을 처음 만날 때 제일 먼저 알고 싶은 것이 무엇인가요?

📢 여러분이 누군가 어떤 사람인지 알아내야 한다면 무엇을 알아보아야 한다고 생각하나요? 생각나는 대로 모두 이야기해 보세요.

📢 책 속에 로봇이 지후에 대해 알고 싶어합니다. 지후가 로봇에게 어떤 것들을 알려주었나요?

📢 여러분이 개인 브랜드 매니저라면 지후가 알려준 많은 정보 중 어떤 정보가 지후의 미래에 가장 유용할 것이라고 보나요? 그 이유는 무엇인가요?

📢 세상에 단 한 명 밖에 없는 여러분만의 특별한 장점을 무엇이라고 생각
하나요?

📢 수많은 사람들의 특별한 장점을 찾아내고 그것을 개발하는 데 도움을
주는 데는 어떤 능력이 가장 중요하다고 보나요?

찬반형 진로독서 활동

🔊 토론 논제 : 개인 브랜드 매니저가 원하는 정보를 모두 제공해야 할까요?

'사생활 침해'로 인해 개인정보 수집에 예민한 사람들이 많아지고 있습니다. 물론 개인 브랜드 매니저는 직업의 특성 상 함부로 정보를 공개하지 않겠지만 여러분은 개인 브랜드 매니저가 원하는 정보는 모두 제공해야 한다는 것에 대해 어떤 의견을 가지고 있나요?

나에 대해 많이 알릴수록 정확히 파악하는 데 도움을 받을 수 있겠지만, 원하는 것을 모두 알리는 것이 부담스러울 수도 있을 겁니다. <개인 브랜드 매니저가 원하는 정보는 제공해야 한다>를 주제로 찬성측과 반대측으로 나누어 이야기를 해 봅시다.

도서	나의 라임오렌지나무	도서정보	바스콘셀로스 / 동녘 / 2003 (원작1968)

다섯 살짜리 꼬마 제재는 호기심이 왕성하고 못 말리는 말썽꾸러기입니다. 감수성이 풍부하고 습득력이 빠른 남다른 아이이기도 합니다. 하지만 여섯 남매를 키우며 실업자가 된 아빠, 아빠 대신 야근을 해야 하는 엄마는 다섯째 꼬마 제재를 좀처럼 돌보지도 이해하지도 못합니다. 집안일, 공장일에 바쁜 형이나 누나들도 사정은 마찬가지입니다. 제재는 매일 매를 맞으며 자랄 수밖에 없고, 매번 맞는 이유가 이해되지 않는 제재는 자신만의 라임오렌지나무와 대화를 합니다.

그러던 중 만난 뽀르뚜가 아저씨. 첫 만남은 역시 야단맞은 그리 좋은 기억이 아니지만 발을 다친 제재를 도와준 아저씨와 이야기를 나누며 서로 친구가 됩니다.

성장소설로서 명성이 떨쳐진 이 책은 읽는 자체로 마음에 따스함과 생각거리를 많이 줍니다. 여기서 이 책을 읽으며 개인 브랜드 매니저의 자질을 이야기해 보려합니다. 모두들 말썽꾸러기 구제불능으로 보는 제재를 다른 눈으로 바라보고 이끌어주는 뽀르뚜가 아저씨의 행동을 유심히 살펴봅시다. 수많은 사람들을 누구나 보이는 면만 보며 그 사람만의 브랜드를 찾아주기는 어렵습니다. 그 사람의 내면과 능력을 온전히 볼 수 있는 눈과 따스함을 갖추는 것이 개인 브랜드 매니저의 중요한 자질이라는 점을 생각해 보며 이 책을 읽어봅시다.

3단계별 이야기식 진로독서 활동 •

가. 배경지식으로 찾아보기

📢 다른 사람 눈에 내가 어떻게 보일지 생각나는대로 이야기해 보세요.

📢 여러분 생애에 여러분을 가장 따뜻한 눈으로 봐 주었던 사람을 떠올려 이야기해 보세요.

나. 책 속에서 진로 찾기

📢 제재는 어떤 아이인가요?

📢 제재는 가족들과 뽀르뚜가 아저씨 앞에서의 행동이 매우 다릅니다. 집에서의 제재 모습과 뽀르뚜가 아저씨 앞에서의 모습을 비교해 보고, 그 이유를 이야기해 보세요.

모든 사람에게는 특별한 장점이 있습니다. 그런데 날 힘들게 하는 사람을 좋게 보기는 쉬운 일이 아니지요. 자신을 힘들게 하는 사람을 떠올려 보고, 그의 좋은 점을 한번 찾아봅시다.

다. 책 밖에서 진로 찾기

뽀르뚜가 아저씨의 말과 태도, 행동을 떠올려 보고, 개인 브랜드 매니저의 가장 중요한 자질이 무엇인지 이야기해 보세요.

뽀르뚜가 아저씨는 제재의 부모님을 신고하거나 직접 만나지는 않습니다. 진심으로 제재를 위로하며 돕고 있지요. 여러분이 개인브랜드매니저가 되어 제재의 아버지를 찾아간다면 아버지에게 어떤 분석과 제안을 하겠는지 생각해 보세요.

찬반형 진로독서 활동

📢 토론 논제 : 자신의 진로를 다른 사람이 평가하도록 하는 것은 나약한
행동인가요?

여러분은 다른 사람을 객관적으로 파악하고 그의 진로나 삶에 대해 조
언하고 이끌어주는 직업에 대해 공부하고 있습니다. 개인브랜드매니저
는 외부에서 객관적이면서 따스한 입장으로 다양한 조언을 해 주어 의
뢰인에게 도움을 줄 수 있는 것이지요.

그런데 사실 자기 삶을 이끌고 책임져야 하는 주체는 자신입니다. 자
기 자신의 역사와 상황, 능력에 대해 가장 많이 고민해 본 사람도 자
신이지요. 때문에 자신의 진로나 삶에 대한 결정권을 남에게 묻는 것이
나약하다고 말하기도 합니다.

과연 자신의 진로를 다른 사람이 평가하여 결정을 돕는 것이 나약한 행
동일까요? 입장을 정해 토론해 봅시다. 이 토론을 통해 '개인브랜드매니
저'라는 일의 정체성과 한계도 고민해볼 수 있기를 바랍니다.

제3도서 진로독서 활동(매체 자료)

〈땡큐 포 스모킹〉

영화를 한 편 소개해 드립니다. '땡큐 포 스모킹'입니다. 개인브랜드 매니저가 되어 능력을 발휘하도록 도울 때 우리가 생각해 보아야 할중요한 지점을 알려주는 영화입니다.

이 영화의 주인공 닉 테일러는 달변가 입니다. 대중들 앞에서 정말 말을 잘 하는 능력가입니다. 그의 직업은 담배 회사의 부사장급 대변인입니다. 금연 캠페인 때문에 위기에 처한 담배 회사를 위해 뛰어난 달변능력을 거침없이 발휘하지요.

그는 이혼하여 혼자 키우고 있는 어린 아들이 있습니다. 아들과 함께 시간을 보내며 거친 사회에서 살아남는 법을 가르치기도 합니다. 그런 그가 첫눈에 반한 여성 기자가 있는데 결국 그녀는 닉의 개인정보를 알아내기 위해 의도적으로 접근한 것이었다는 것을 알게 됩니다.

이런 일련의 과정을 거치며 줄곧 담배를 피는 것은 개인의 선택이니 개인에게 맡겨야 한다는 주장을 하는 닉에게 심경의 변화가 생깁니다.

사실 '자본'이 중심인 사회에서 담배 뿐 아니라 수많은 분야에서 광고와 미디

어로 대중을 현혹하며 선택은 개인의 자율에 맡기는 것처럼 포장합니다. 이 사실을 직시하며 삶에서 정말 중요한 것이 무엇이고, 우리가 직업을 가질 때 목적의식과 소명을 가져야 하는 이유에 대해 생각해 보아야 합니다.

우리 학생들이 '닉'과 같은 자신만의 브랜드화된 능력을 찾아내길 기원합니다. 또한 그 능력이 이 사회를 위해 온전하고 올바르게 쓰이는 방법에 대해 오랫동안 깊이 생각해 보길 바랍니다.

📢 이 영화에는 기억에 남을만한 대사가 많습니다. 영화를 보고 가장 인상 깊은 대사를 떠올려 적어 보세요.

📢 다음 8가지 인생의 가치 중 여러분이 가장 중요하다고 생각하는 것을 한 가지 선택하고 그 이유를 말해 보세요. 보기에 없으면 빈 칸에 적어 보세요.

일	돈	생활 환경	개인적 성장	건강과 휴양	공동체	가족	신앙	

📢 개인브랜드 매니저는 단순히 1인 브랜드를 찾아줌으로서 돈을 많이 벌고 명성을 갖게 해 주는 것을 의미하는 것은 아닐 겁니다. 개인브랜드 매니저는 어떤 가치관을 가지고 있어야 할 지 한 문장으로 정리해 보세요.

국내에 아직 정식 개인브랜드 매니저 과정 자격증은 존재하지 않습니다. 따라서 유사한 직업이면서 현재 우리나라에서 활동하고 있는 라이프코칭에 대한 인터뷰 자료를 안내하고자 합니다. 한국라이프코치협회 부회장 김정태 선생님에 대한 인터뷰 내용입니다.

* 인터뷰 : 한국라이프코치협회 부회장 김정태

Q) 라이프코치로서 현재 하고 있는 일은 무엇입니까?

A) 라이프코치라는 것은 삶, 인생에 대한 코치를 하는 것입니다. 교육기관이나 기업을 운영하는 사람에게는 경영자 코칭, 학부모에게는 학부모 코칭, 학업능력을 올리고 싶은 학생들에게는 학습코칭을 하고 있습니다.

Q) 귀하께서는 이 일을 하기 위해 어떤 준비과정을 거치셨나요?

A) 처음에는 인간의 본질을 연구하는 유전자 상담을 했습니다. 타고난 성향이 어떤 성향인지 상담공부를 하다가 라이프코칭을 접하게 되었습니다. 그래서 라이프코치 스킬과정과 인정과정을 마쳤습니다. 그 이후에 사람의 소통에 대해 공부가 필요하다고 생각이 돼서 커뮤니케이션 공부를 했고 좀 더 나가다보니 삶에 대한 부분이 굉장히 광범위하기 때문에 거기에 따른 공부가 필요하여 경영학, 교육학, 신학까지 공부를 마치고 요즘에는 사회복지학을 공부하고 있습니다.

Q) 이 직업의 주된 진출업체는 어떤 곳인가요?

A) 보통 라이프코치들이 대기업에 진출하는 경우가 많습니다. 기업인들의 삶의 만족이 있어야 회사 업무도 만족하기 때문에 라이프코치, 경영자코치, 전문코치를 채용하는 경우가 늘어나고 있습니다. 또한 이

분야는 종교기관, 교육기관에서도 담당하고 있는 경우도 많습니다. 자신의 삶이 행복해야 성과가 이어질 수 있기 때문에 다양한 분야에서 선호하고 있는 직업입니다.

Q) 이 직업의 채용방법을 구체적으로 설명해 주십시오.

A) 라이프코칭은 국내에 들어온 지가 오래되지 않았습니다. 2010년 들어 기업들이 채용하는 경우가 늘고, 각 협회에서 피코치들이 코치를 받고자 하는 경우 채용을 하기도 합니다. 수시로 필요한 기관에서 수급하는 경우가 있습니다. 코칭 기술이 뛰어난 분들은 스스로 강연을 하면서 지내기도 하고, 유명한 코치 분들을 시간이 없을 정도로 바쁘게 활동하고 있습니다.

Q) 이 직업에서 이직 또는 전직 가능한 분야를 말씀해 주세요.

A) 사회복지사도 갈 수 있고, 직업상담사로 갈 수도 있습니다. 좀 더 전문성을 길러 경영자 코칭, 정치인 코칭 등을 전담할 수도 있으며 코칭리더십에 관심이 있으면 리더십 분야로도 갈 수 있습니다. 리더십 강사나 코칭 전문 강사로 활동이 가능합니다.

Q) 이 직업에서 필요로 하는 적성이나 흥미에는 어떤 것들이 있을까요?

A) 코칭이라는 부분이 남의 이야기를 잘 듣는 것이 가장 중요합니다. 코칭의 본질은 피코치의 이야기를 충분히 듣고 그 사람이 스스로 생각하고 답을 찾아갈 수 있도록 하는 것입니다. 그래서 남의 이야기를 잘 듣고 배려하는 마음을 가진 사람, 피코치가 변화와 성장을 하도록 만들어야 하기 때문에 남을 돕고자 하는 마음을 가진 사람이 가장 좋다고 생각합니다.

Q) 이 직업에 종사하기 위해 필요한 능력이나 자질에는 어떤 것이 있을까요?

A) 적성과 흥미와 마찬가지로 잘 듣는 것이 가장 중요합니다. 기본적으로 남을 배려할 수 있어야 하지요. 그리고 삶의 전반적인 것을 다루는 직

업이므로 다양한 경험 또한 중요합니다.

Q) 이 직업에 종사하는 데 어떤 공부가 필요합니까?

A) 코칭의 분야가 다양하게 있습니다만 가장 도움이 되는 부분은 상담학
입니다. 부가적으로 공부를 한다면 사회복지학이지요. 그런데 경영자
코칭을 하기 위해서는 경영학도 공부해야 합니다. 국내에서는 대학원
에 코칭상담학이라는 학과도 개설되어 있습니다.

Q) 귀하께서 이 직업에 종사하시면서 느끼는 보람이나 매력은 무엇입니
까?

A) 코칭의 본질이 변화와 성장입니다. 코칭을 받는 사람이 변화와 성장을
통해서 뭔가 이루려고 하는 꿈이 이루어질 때 가장 큰 보람을 느낍니
다.

Q) 귀하께서 이 직업에 종사하면서 느끼는 어려움은 어떤 것입니까?

A) 코칭은 스스로 생각하고 스스로 변화하고 답을 찾는 것입니다. 그런
데 수많은 경험을 하면서 어떻게 하면 좀 더 효율적일지 알고 있는 사
람입니다. 그럼에도 불구하고 자신을 되돌아보지 않고 그 변화를 수용
하지 않을 때 기다려줘야 합니다. 그 기간동안 상당히 어려움이 많습
니다. 그러나 끝까지 기다려주는 것이 코칭의 본질이기 때문에 기다릴
수밖에 없는 것이지요.

Q) 이 직업의 하루 일과는 어떤가요?

A) 아침에 코칭을 받는 분들과 전화상으로 상담을 합니다. 그 이후에 제
가 의뢰인의 직장으로 가서 점검을 합니다. 강연이 필요한 경우 준비
를 하여 강연을 나가게 됩니다. 주로 전화, 대면 상담을 통한 코칭을
많이 하고, 필요에 따라 강연을 하는 것이 주요 일과라고 보시면 됩니
다.

Q) 이 직업의 보수는 어떤가요?

A) 코칭이라는 직업은 고정된 직업이라기보다는 프리랜서로 많이 하게 됩니다. 그래서 코치의 능력에 따라서 시간당 만원을 받는 사람부터 백만 원을 받는 사람까지 너무나 다양합니다. 자기의 기술과 능력에 따라서 받기 때문에 능력 있는 분들은 대기업의 연봉 수준이다 이렇게 보시면 될 것 같습니다.

Q) 이 직업은 몇 세까지 할 수 있는 일이라고 생각하시나요?

A) 다른 직업에 비해서 평생 갈 수 있는 직업이라고 생각합니다. 라이프코치라는 삶에 대한 경험과 지식과 정보가 결국 재산이기 때문에 나이가 많으면 많을수록 경험이 더 축적될 거라고 봅니다. 그러한 경험과 지식을 코칭 받는 사람에게 멘토 역할을 하기에는 나이가 많을수록 유리할 것입니다.

Q) 이 직업의 10년 후 전망은 어떻다고 보십니까?

A) 앞으로 사회는 점점 다양해지고 경쟁은 점점 치열해져 갑니다. 만약 여러분들이 경영을 한다든다 삶을 살아가는데 당신을 도와줄 수 있는 사람이 있다면 어떤 생각이 드십니까? 혼자 하는 것보다 두 사람이 하는 것이 더 효과를 많이낼 것이라고 생각합니다. 지금은 다양한 분야에서 라이프코치를 찾지 않지만 10년 후에는 기업이나 종교기관, 교육기관 등 모든 분야에서 라이프코치를 찾게 될 거라고 확신을 하고 있습니다. 왜냐하면 코치의 서포터 힘이 워낙 크고 지금까지 코치를 했던 기업들의 성과가 증명해주기 때문입니다. 미국의 사례를 봐도 라이프코치를 두고 있는 사례가 상당히 많습니다.

Q) 이 직업을 선택하고자 하는 학생에게 한 마디 해 주신다면?

A) 코치를 직업으로 두든 그렇지 않든 간에 피코치의 행동을 보면서 나는 저렇게 하지 말아야지 하면서 더 많은 것을 배웁니다. 저희가 경영자 코치를 하게 되면 경영자를 통해서 더욱 많은 것을 얻을 수 있습니다.

코치를 받는 사람보다 코치를 하는 사람이 더 얻는 것이 많다는 뜻입니다. 그렇기 때문에 모든 청소년들에게 제가 말씀드리고 싶은 부분은 듣는 것은 잊어버리고 본 것만 기억한다는 것입니다. 즉, 내가 경험한 것은 이해할 수 있다는 말입니다. 지금 당장이라고 코칭을 받아보시기 바랍니다. 그리고 이것이 자신에게 어떤 유익함이 있는지 체험해 보시는 것이 가장 중요하다고 생각합니다.

〈출처: 미래의 직업세계(직업편 6권)에서 발췌〉

04 나는 '개인 브랜드 매니저'에 얼마나 적합한 사람일까요?

(사전 적합도 평가)

개인 브랜드 매니저		직업 적합도 (각 3점, 총점 30점)	
		평가 항목	점수
하는 일	의뢰인을 파악하여 강점은 부가시키고 약점은 보완할 수 있는 방법을 제시	개인브랜드매니저가 하는 일에 얼마나 흥미가 있나요?	
	의뢰인의 각종 검사 결과, 능력, 교육수준과 경력 등을 파악하고 이에 맞게 취업 전략을 세움		
	의뢰인에 관한 각종 데이터를 만들고 수집하고 분석하기		
	직업 활동과 이외에 개인의 특성이나 생애목표 등을 파악하여 삶의 만족도를 가질 수 있도록 문제점과 해결방안 제시		
장단점	사회성이 좋을수록 유리한 직업임	장점과 단점을 고려할 때 개인브랜드매니저라는 직업에 얼마나 관심이 생기나요?	
	경력이나 명성이 중요한 영향을 미침		
필요 능력	인력 관리 능력과 협상 능력, 설득력	개인브랜드 매니저가 되기 위해 필요한 능력을 어느 정도 갖추고 있다고 생각하나요?	
	원활한 대인관계와 배려심		
	데이터 분석력 및 통찰력		
	외국어 능력		

※ 직업 사전도 평가방법

1. 직업 사전의 항목을 자세히 읽어 보세요.

2. 직업 적합도 항목을 읽고 점수를 써 보세요.

   * 0점: 자신이 전혀 관심 없는 내용임

   * 1점: 나의 관심이나 능력이 보통정도에 해당함

   * 2점: 나의 관심과 능력에 관련이 있는 편임

   * 3점: 나의 관시과 능력에 밀접한 관련이 있음

3. 점수의 합계를 내 보세요.

4. 나의 점수는 몇 점인가요?

5. 평가기준(총점)

총점	적합도	적합도에 따른 평가
24~30점	매우 높음	직업 적합도가 매우 높습니다. 이 직업을 목표로 삼고 꾸준히 능력을 개발하도록 합니다.
17~23점	높음	직업 적합도가 높습니다. 평가 항목에서 부족한 부분을 중심으로 보완해 나가도록 합니다.
10~16점	보통	직업 적합도가 보통입니다. 꾸준히 관심을 가지고 직업에 대해 알아보도록 합니다.
0~9점	낮음	직업 적합도가 낮습니다. 이 직업을 비롯하여 여러 직업에 대한 정보를 탐색하며 고민해 보세요.

※ 직업 적합도 평가는 주간적인 체크리스트이므로 참고 자료이지 절대적인 것이
   아닙니다. 직업이 갖는 목적과 의미를 생각하며 원하는 마음이 생겼다면 관련 역
   량을 기르기 위해 꾸준히 노력하는 것이 더 중요하겠지요.

05 관련 도서 소개

코칭 퀘스천 / 토니 스톨츠푸스 /
스토리 나인

라이프 코칭을 위한 구체적인 정보가 담긴 책입니다. 코칭을 하기 위해 해야 하는 질문을 중심으로 코칭의 방법을 안내하고 있습니다. 다양한 코칭 분야를 접할 때 각 분야별 질문의 방식도 소개합니다. 이 책을 보면서 자신과 주변 사람들에게 이 질문을 해봄으로써 개인브랜드매니저의 자질을 키울 수 있을 것입니다.

다음은 라이프코치를 시작할 때 자신을 파악하기 위한 '디자인'하는 질문의 일부입니다. 여러분도 한번 답을 찾아보세요.

• 당신의 인생에서 가장 중요한 것은 무엇인가요?
• 당신을 즐겁고 기분좋게 하는 것을 어떤 종류의 역할을 할 때입니까?
• 당신이 해 왔던 모든 일 중 당신에게 가장 잘 맞았던 것은 무엇입니까?
• 가장 맞지 않았던 역할은 무엇입니까?
• 만일 인생의 모든 경험이 운명에 길들이기 위해 계획된 것이라면 당신의 전 생애는 당신이 무엇을 하도록 준비된 것이라고 말할 수 있을까요?

토크쇼의 여왕 오프라윈프리 /
박선민 / 리잼 / 2010

토크쇼로 자신의 브랜드를 확실히 자리매김한 오프라윈프리. 이 책은 오프라 윈프리의 삶에 대해 이야기해주고 있습니다. 어린 시절 온갖 어려움과 상처 속에서 자라난 오프라 윈프리는 아버지와 새어머니의 사랑으로 앵커가 됩니다. 하지만 너무도 솔직하고 감수성이 풍부한 성품이 객관적인 뉴스를 전달해야 하는 앵커에 잘 맞지 않아 또다시 어려움을 겪습니다. 이 때 오프라 윈프리는 자신의 단점을 장점으로 승화시켜 세계 최고의 〈오프라 윈프리 쇼〉를 만들어 냅니다. 특유의 진솔하고 공감하는 입담은 전 세계인의 감동을 이끌어 내지요.

방송계의 신화 오프라 윈프리의 삶을 보며 부족하고 어렵지만 자신만의 브랜드를 찾아보는 시간이 되기를 바라며 이 책을 읽었으면 좋겠습니다.

06 유사 직업 안내

헤드헌터

　헤드헌터는 기업에서 원하는 인재를 찾아 소개해 주는 일을 하는 사람입니다. 옛날 아메리카 대륙에 살던 인디언 부족이 싸움에서 이기면 승리한 기념으로 패배한 쪽의 인디언 부족 머리를 가져왔다고 합니다. 그것이 유래가 되어 유능한 인재를 구한다는 점에서 '머리'를 '사냥'한다는 헤드헌터가 된 것이지요.

　헤드헌터가 활동하기 시작한 것은 1930년대 미국이 경제 대공황으로 어려움에 빠진 후 경제가 회복되기 시작하면서부터입니다. 그 당시 생산한 물건이 팔리지 않아 수많은 공장이 문을 닫을 수밖에 없어 실업자가 넘쳐났습니다. 이 위기가 지나고 기업이 인재를 채용할 때 좀 더 신중을 기하기 위해 헤드헌터의 활동이 시작된 것이지요. 우리 나라도 1997년 IMF 경제 위기를 맞으면서 누구나 언제라도 회사를 옮길 수 있어야 한다는 생각을 했고, 그 때부터 헤드헌터가 활동을 하기 시작했습니다.

라이프코치

　코칭 기법을 활용하여 개인, 부부, 청소년 등의 코칭 대상자 스스로가 인간관계 개선, 인생의 의미와 목표 발견, 삶의 만족감 향상 등을 위한 방법을 찾고 실천할 수 있도록 상담이나 조언 등의 일을 하는 사람입니다. 과거에 각종 교육 기관이나 종교단체에서 활동을 해 왔으나 현대인의 필요에 의해 범위도 넓어지고 전문화되고 있는 추세입니다. 우리 나라에서 최근 늘어나고 있는 직업입니다.

 **코칭 관련 기관**

한국라이프코치협회, 한국코치협회, 한국멘토링협회, 한국커리어코치협회, 한국학부모 코치협회 등

 **참고 도서**

- 나 자신의 브랜드로 만들어라 / 이정숙 / 중앙 M&B
- 멘토링 / 이영권 / PineTree
- 세계미래보고서 2030–2050 / 교보문고
- 세계미래보고서 2055 / 제롬글렌 / 비즈니스북스
- 교수, 헤드헌터 / 와이즈멘토 / 주니어김영사
- 게리 콜린스 코칭 바이블 / 게리 콜린스 / 한국기독학생회출판부
- 미래의 직업세계(직업편 6권) / 교육부, 한국직업능력개발원

MEMO

4장

여가 컨설턴트

여가 컨설턴트는

여가 컨설턴트는 개인이나 집단의 처지나 형편, 개성에 맞게 여가를 활용하는 방법을 개발, 조언, 상담해 주는 직업으로, 각종 여가나 레저에 관한 경험과 정보가 풍부해야 합니다.

직업 관련 재미있는 이야기

여러분은 여가 시간이 생기면 무엇을 하나요?

잡담 · 통화 · 문자

인터넷 검색

음악 감상

스포츠 관람

수영

독서

게임

산책 및 걷기

TV 시청

헬스 · 에어로빅

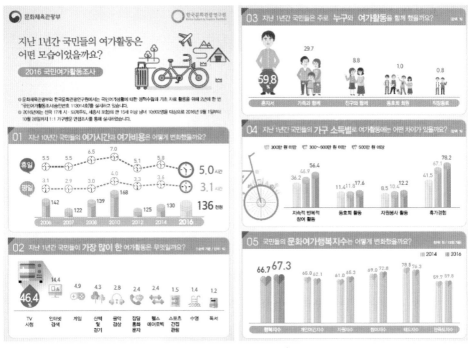

〈자료출처: 문화체육관광부〉

잘 노는 것이 실력이다!

　여러분은 여가 시간이 생기면 주로 무엇을 하며 시간을 보내나요? 문화체육관광부와 한국문화관광연구원이 발표한 국민여가활동조사에 따르면 한국인이 가장 좋아하는 여가활동은 TV시청이 1위, 인터넷 검색이 2위라고 합니다. 경제적으로 비용이 들지 않는 장점이 있긴 하지만, 그만큼 우리 국민이 여가활동을 누리지 못하고 있으며, 여가활동을 위한 문화 콘텐츠가 제대로 마련되지 못했다는 사실을 보여줍니다. 어릴 때부터 '개미와 베짱이'이야기를 통해 노는 것은 게으른 것이라고 배웠던 기성세대는 열심히 앞만 보고 달렸고, 놀라운 경제성장을 이루어냈습니다. 경제적으로는 풍요로워졌지만 여전히 우리 국민은 잘 놀지 못하고, 나이에 관계없이 스트레스로 힘들어하고 있습니다. 이제는 우리의 삶의 질을 향상시키기 위한 노력이 필요합니다. 스트레스를 건전한 방법으로 해소하고, 건강한 놀이문화를 더 많이 개발해야 합니다. 어떻게 노는 것이 잘 노는 것인가를 가르쳐주는 사람이 바로 여가 컨설턴트입니다.

　잘 노는 것은 시간낭비가 아니라 교육적이고 생산적인 활동입니다. 2015 개정 교육과정에서는 우리 학생들이 갖추어야 할 핵심역량으로 자기관리 역량, 지식정보처리 역량, 창의적 사고 역량, 심미적 감성 역량, 의사소통 역량, 공동체 역량을 말하고 있습니다. 이러한 역량들은 책상에 앉아서는 결코 갖춰질 수 없습니다. 여가 시간을 더 이상 TV나 컴퓨터 앞에서 보내지 마세요. 주위를 둘러보면 신나고 재미있는 일들이 여러분들을 기다리고 있답니다.

　여가 컨설턴트와 비교할 수 있는 기존 직업은 없습니다. 왜냐하면 여가 문화에 대한 부정적인 인식이 관련 직업군의 활성화를 막았기 때문입니다. 여가 컨설턴트는 개인의 일과 삶의 균형 중에서 여가 생활과 관련해서 균형을 유지할 수 있도록 돕는 일을 합니다. 한마디로, 여가를 '잘 보내는 방법'을 컨설팅합니다. 개인 면담을 통해 고객이 원하는 여가 스타일을 점검하고 온라인 사이트와 SNS, 메일 등을 통해 시기별로 다양한 여가 콘텐츠를 맞춤형으로 제공하는 업무를 담당합니다. 우리나라에서는 여가 컨설턴트가 아직까지 낯선 직업이지만, 일본이나 미국, 캐나다 등에서는 노후나 여가 관련 컨설턴트 직종이 각광을 받고 있고, 자격증 제도도 마련되어 있습니다. 국내에서는 아직까지 제도적 뒷받침이 마련되어 있지 않지만, 고령 사회에서 여가 시간의 활용 문제는 전문적 도움이 필요한 분야로 점차 인식이 바뀌어가고 있습니다. 여가 컨설턴트는 개개인의 처지나 개성에 맞게 여가를 선용하는 방법을 개발, 조언, 상담해야 하므로 각종 여가와 레저 정보를 풍부하게 갖고 있어야 합니다. 즉, 여가 컨설턴트 자신이 먼저 잘 놀고, 여가생활을 즐길 수 있어야 합니다.

아직까지는 여가 컨설턴트가 되기 위해 특별한 훈련 과정을 거쳐야 하는 것은 아닙니다. 하지만 사람을 상대하는 일이니 만큼 상담이나 컨설팅의 능력을 갖추고 있고, 남을 돕는 일에 관심이 많아야 하며, 무엇보다 본인 스스로가 여가생활을 즐기고 있는 분들이 이 일에 적합합니다. 학문적 준비를 위해서 대학에서 여가 경영학, 여가 레크리에이션학, 여가 서비스 경영학, 관광경영학, 레저스포츠학, 사회복지학, 상담심리학 등을 공부하면 도움이 되겠지요. 아울러 레크리에이션이나 스트레스 관리와 관련된 분야에 관심이 있거나 전문지식을 갖춘 사람이라면 여가 컨설턴트로 활동하는데 유리할 수 있습니다.

흥미와 적성

여가 컨설턴트는 무엇보다 본인이 '노는 법'에 전문가가 되어야 하고, '놀기'를 즐겨야 합니다. 여가의 중요성을 인식하고 스트레스 관리와 건강 관리 등 삶의 질 향상에 도움이 되는 지식을 갖고 있어야 합니다. 또한 다양한 성격과 계층의 사람들을 상대하기 위해서 대인관계 능력이 필수적입니다. 상대방을 편안하게 해주고, 신뢰감을 주는 인상과 화법, 타인을 배려하고 도와주려는 봉사 정신, 그리고 장시간의 여가활동을 지탱할 수 있는 체력도 필요합니다. 지속적으로 변화하는 여가 문화 트렌드에 적응하기 위해서 지속적으로 새로운 여가 콘텐츠를 개발하고 연구하려는 열정과 정보력, 분석력도 지녀야 합니다.

다양한 여가 문화를 체험하고 개발하는 업무를 수행해야 하므로 진취적 · 도전적 · 모험적인 청년들에게도 적합하지만, 여가와 레저 정보에 대한 전문성과 함께 고객의 요구 사항을 만족시킬 수 있는 통찰력도 필요합니다.

여가 컨설턴트의 현재 모습

　해외에서는 이미 여가 컨설턴트(Leisure Consultant)라는 이름으로 관광 상품을 이용하는 수요자들에게 여행 스케줄을 컨설팅해주는 일을 하고 있습니다만 국내에서는 여가 컨설턴트라는 명칭 대신에 다양한 형태로 여가와 관련된 업무에 종사하고 있습니다. 다양한 여가 문화 현장에서 대부분 프리랜서로 근무하고 있는데, 예를 들어 레크리에이션 강사, 생태체험 가이드, 숲 해설가, 국토순례자 등 여가 문화가 다양한 만큼 연계할 수 있는 직업은 무궁무진하다고 볼 수 있습니다.

여가 컨설턴트의 미래 모습 전망

　이제 세계는 급격한 과학기술의 발달로 사회·경제·문화 환경이 변화하고 있고, 삶의 모습도 예전과 크게 달라지고 있습니다. 이와 함께 행복은 분명 우리 시대의 키워드이며 우리의 생활 전반에 걸쳐 중요한 영향을 미칠 것입니다. 아직까지 '여가'와 '여가 문화'에 대한 다양한 경험이 부족한 현 세대들에게 여가 컨설턴트는 삶의 질을 높이는 데 큰 역할을 할 것으로 보이며 성장하는 여가 시장과 더불어 각광받는 직업이 될 것으로 전망됩니다. 우리가 먹고 사는 일에서 여유로워지면서 이제는 돈을 어떻게 벌 것인가 보다는 나와 가족을 위해서 시간과 돈을 어떻게 쓸 것인가에 관심을 갖게 되었습니다. 이처럼 여가와 휴식에 대한 고민은 삶에 대한 고민만큼이나 중요하며 여가 컨설턴트는 삶의 질을 높이는 데 없어서는 안 될 역할을 할 것으로 판단됩니다.

03 진로독서 함께 해요

제1도서 진로독서 활동(초등용)

도서	시간 부자가 된 키라	도서정보	최형미 글 / 원유미 그림 / 을파소

키라와 함께 배우는 '시간 관리'비법!

이 책은 효율적인'시간관리'의 비법을 재미있게 알려줍니다. 누구에게나 공평하게 주어진 24시간! 그러나 왜 누군가의 시간은 짧고, 누군가의 시간은 길게 느껴지는 것일까요? 그것은 시간을 얼마나 효율적으로 사용할 수 있느냐에 달려 있습니다. 이 책을 통해 우리 아이들이 시간 관리의 필요성을 깨닫고, 나아가 시간 부자로서 행복한 삶을 사는 습관이 마련되기를 바랍니다.

여가 컨설턴트는 다른 사람들이 여가를 잘 활용할 수 있도록 도와주는 사람입니다.

3단계별 이야기식 진로독서 활동

가. 배경지식으로 찾아보기

📢 여러분의 하루 일과는 어떤 시간들로 이루어져 있나요? 그 중에서 꼭 해야 할 일들은 무엇인가요?

📢 하루 일과 중 시간이 날 때 가장 즐기는 여가 활동은 무엇인가요?

나. 책 속에서 진로 찾기

📢 늘 부족한 시간을 어떻게 하면 아낄 수 있을까요?

📢 하넨캄프 할아버지가 알려 주시는 시간 관리 팁은 무엇인가요?

다. 책 밖에서 진로 찾기

📢 시간 관리를 잘 하면 어떤 이득이 있을까요?

📢 시간의 주인이 되어 하고 싶은 일들은 무엇인가요?
주말에 부모님과 함께 하고 싶은 일 3가지를 적어 보세요.

찬반형 진로독서 활동

🔊 토론 논제 : 키라의 선택은?

키라는 오늘 저녁 엄마 아빠와 저녁을 먹기로 했습니다. 그런데 키라가 교실에 들어섰을 때 친구 수잔이 키라에게 봉투 하나를 내밀었습니다. 별 기대 없이 봉투를 열었던 키라는 만세를 부르며 환호성을 질렀습니다. 봉투 속에는 키라가 그토록 보고 싶어 했던 뮤지컬 표가 들어 있었습니다. 문제는 뮤지컬 시간도 오늘 저녁이라는 것이지요.

키라는 〈엄마 아빠와의 약속을 꼭 지켜야 한다〉를 주제로 찬성측과 반대측으로 나누어 이야기를 해 봅시다.

도서	여가 고수의 시대	도서정보	김성민, 김은솔 / IWELL

여가 고수들은 어떻게 그들의 여가 시간을 보낼까요?

문화체육관광부가 발행하고 문화관광연구원이 기획한 『여가 고수의 시대』. 2006년과 2007년, 그리고 2009년 세 번에 걸쳐 문화관광연구원에서 개최한 '여가 사례공모전'의 수상작을 엄선하여 담아냈습니다. 즐기는 여가는 물론, 의미 있는 여가와 자기계발 여가까지 평범하면서도 특별한 여가사례 16가지가 담겨 있습니다. 휴일만 되면 할 일이 없다며 잠만 자거나 TV를 켜는 사람들에게 여가 고수의 비법을 전달합니다.

3단계별 이야기식 진로독서 활동

가. 배경지식으로 찾아보기

📢 '여가 활동'하면 어떤 것이 떠오르는지 말해 보세요.

📢 게임을 하며 얻는 행복과 독서를 하며 얻는 행복에는 차이가 있을까요?

나. 책 속에서 진로 찾기

📢 지하철을 타고 세계여행을 가는 방법은 무엇일까요?

📢 사랑을 실천하며 스스로도 큰 위로를 받을 수 있는 방법은 무엇일까요?

📢 즐기는 여가, 의미 있는 여가, 자기계발 여가의 예를 들어 보세요.

우리나라의 여가 문화와 다른 나라의 여가 문화를 비교해 보세요.

자신이 만약 '여가 컨설턴트'라면 중학생들에게 어떤 여가 생활을 추천할 지 목록을 만들어 보세요.

찬반형 진로독서 활동

🔈 토론 논제 : 여가 시간이 꼭 성과를 만들어내는 시간이 되어야 할까요?

일본의 경영컨설턴트 오마에 겐이치는 삶의 on-off 스위치를 확실히 전환해줘야 인생을 행복하게 살 수 있다고 말했습니다. 한 주간을 열심히 일했다면 주말엔 모든 것을 내려놓고 일에서 벗어나 심신을 충전하고 머리를 맑게 비워야 한다는 말입니다.

대한민국 국민들은 정말 놀 줄을 모릅니다. 워낙 근면성실해서 그런지 놀거나 쉬는 걸 굉장히 죄악시하고 불편해하기도 합니다. 시간을 쪼개 자기계발을 하는 데엔 열심이지만, 남는 시간을 즐기며 재충전하는 것은 한심하고 속 편한 행동이라 여기기도 합니다. 사회생활 속에서의 치열한 경쟁이 사람들에게서 삶의 여유를 빼앗아갔기 때문은 아닐까요? 하지만 우리가 보내는 여가 생활이 또 하나의 일거리가 되어서는 안 됩니다.

우리가 보내는 여가 시간이 꼭 눈에 보이는 성과를 만들어내는 시간이 되어야 할까요? 입장을 정해 토론해 봅시다.

소박한 행복이 어때서? ··· 2018년은 '워라밸 세대'가 이끈다

최근 출간된 『트렌드 코리아 2018』은 내년에 가장 주목해야 할 키워드로 '워라밸'을 꼽았다. 일과 삶의 균형을 추구하는 이들에겐 '칼퇴'가 매우 중요한 의미다.

당신은 '워라밸 세대'인가, 아닌가

회사 규모? 연봉? 승진?

직업을 고르는데 이 세 가지 요소를 제일 중요하게 여긴다면 당신이 이미 '올드'한 세대로 분류될 듯하다. 요즘 젊은 직장인들은 '워라밸'을 더 중시하기 때문이다. 기성세대 대부분이 '하고 싶은 일'은 억누르고 '해야 하는 일'에 집중했다면, 젊은 세대는 '내가 얼마나 행복하게 일할 수 있느냐'에 무게를 둔다.

김난도 교수가 이끄는 서울대 소비트렌드 분석센터는 최근 출간한 『트렌드 코리아 2018』(김난도 · 전미영 외 지음, 미래의 창)에서 가장 주목해야 할 트렌드 키워드로 '워라밸'을 꼽았다. 김 교수는 워라밸 세대가 "2018년 가장 강력한 인플루언서로 자리매김할 것"이라며 "과거 산업화 시대의 집단 문화를 정면으로 거부하는 이들이 조직 문화를 넘어 사회 전반적인 변혁을 예고하고 있다"고 밝혔다.

워라밸은 '워크-라이프-밸런스'(Work-Life-Balance)의 준말로, 일과 삶의 균형을 가리킨다. 워라밸 세대는 일과 삶의 균형을 중시하는 젊은 '직딩'을 아우르는 말이다. 굳이 분류하자면, 1988년생 이후부터 이제 갓 사회로 진입한 1994년생까지가 여기에 속한다.

"완벽하지 않아도 내가 중요해"

워라밸 세대는 완벽함을 추구하기보다는 불완전함 그대로를 받아들인다. 자기애가 중요하고, 스트레스 제로를 추구하기 때문에 부모 세대와 달리 일 때문에 자기 삶을 희생하고 싶어하지 않는 것도 이들의 특징이다. 자신(myself) 여가(leisure), 성장(development) 등을 다른 무엇과 바꾸고 싶어하지 않는 이들에겐 퇴근 후의 시간 즉, '저녁이 있는 삶'이 매우 중요하다. '사축'(회사의 가축처럼 일하는 직장인), '프로 야근러'(야근을 밥 먹듯 일삼는 사람)처럼 살고 싶지 않다는 의지가 강력하다는 점에서 이전 세대와 확연히 다르다.

'칼퇴'는 당연해

2016년 OECD 고용동향 자료에 따르면, 한국인들의 연간 1인당 평균 노동시간은 2069시간으로 멕시코 다음으로 길다. 기성세대에게는 익숙한 근무 환경이지만 젊은 직장인들은 이런 현실을 있는 그대로 받아들이고 싶지 않아 한다. 한국경영자총협회 자료에 따르면, 2017년 대졸 신입사원의 1년 내 퇴사율은 27.7%에 달하는 것으로 나타났다. 김 교수는 "사상 최악이라는 일자리 부족 사태에서 벌어지는 역설적인 진풍경"이라고 분석했다.

취준생 아니고 '퇴준생'!!

워라밸 세대는 '저녁(시간) 사수'에 심혈을 기울인다. 취미 생활을 위해서 정시 퇴근은 기본이다. '나에 의한, 나를 위한' 여가생활을 하기 위해서다. 어렸을 때 부모님 손에 이끌려 배웠던 그림·피아노·태권도를 자발적으로 다시 배우는가 하면, '탈잉' 등의 재능 공유 플랫폼을 통해 취미활동을 한다. '탈잉'은 일종의 재능거래마켓으로 개설된 수업이 1500여 개에 이른다.

'퇴사를 위해 공부하는' 것도 이들의 특징. 이들에게 자기 실현의 목표는 자유인이 되는 것, 즉 퇴사이다. 이들에게 직업은 경력을 만드는 수단 정도인 경우가 많아서 한 직장에 오래 머물려 하지 않는다. 이들을 위해 퇴사 후의 삶을 계획하는 직장인들을 위한 퇴사학교(t-school.kr)

가 생겨났고, 퇴사 선배들로부터 조언을 얻을 수 있는 직장생활연구소 (kickthecompany.com)도 인기다.

워라밸 세대 사용설명서

김난도 교수는 "워라밸 세대는 경제적인 풍요로움 속에서 자랐으며, 집단주의적 사고방식보다 개인의 행복을 중시하며 자랐다"며 "여기에 '평생 직장' 시대가 막을 내리고 다양한 포트폴리오를 가진 이들이 부상하고 있는 사회 분위기가 이들의 부상에 큰 영향을 미친 것으로 보인다"고 풀이했다.

『트렌드 코리아 2018』은 안티스트레스에 적극적인 '워라밸 세대를 위한 사용설명서'도 제시했다.

1. 워라밸 세대를 위한 멘토-멘티 시스템을 구축할 것
단순한 선배나 상사가 아니라 격의없이 대화를 나눌 수 있는 상대가 필요하다.

2. 일 자체에서 행복과 즐거움을 느낄 수 있도록 할 것
워라밸 세대에게 헝그리 정신을 강요하지 마라. 이들에게는 날선 비판보다는 따뜻한 칭찬이 더 훌륭한 동력이 된다.

3. 개인생활을 존중할 것
젊은 직장인일수록 연애사에 대해 공유하고 싶어하지 않는다. 연애사에 대해 섣불리 묻는 행위는 '극혐'이 될 수 있으니 주의!

4. 저녁 생활을 보장할 것
'저녁이 있는 삶'은 워라밸 세대만의 이슈가 아니다. 정부의 정책적 중재가 필요하다.

〈자료출처: 중앙일보〉

132

1) 이 기사문를 읽고 새롭게 알게 된 사실을 이야기해 보세요.

2) 여러분이 희망하는 직업은 무엇입니까? 그리고 그 직업을 선택하고자 하는 이유는 무엇입니까?

3) 여러분이 꿈꾸는 '저녁이 있는 삶'은 무엇입니까?

국내에 아직 정식 여가 컨설턴트 과정 자격증은 존재하지 않습니다. 따라서 유사한 직업이면서 현재 우리나라에서 활동하고 있는 시니어컨설턴트에 대한 인터뷰 자료를 안내하고자 합니다. 라이프커리어 전략연구소 오영훈 소장님에 대한 인터뷰 내용입니다.

---

* 인터뷰 : 라이프커리어 전략연구소 소장 오영훈

Q) 시니어컨설턴트로서 현재 하고 있는 일은 무엇입니까?

A) 저는 전직, 퇴직, 은퇴 등 인생의 전기를 맞은 개인이 주도적으로 자립 인생을 살아갈 수 있도록 지원하고 일과 삶의 균형을 통해 행복한 인생을 살아갈 수 있는 일을 하고 있습니다. 예를 들면 상담, 교육, 전문가 양성, 커뮤니티, 출판 등의 일을 하고 있습니다.

Q) 귀하께서는 이 일을 하기 위해 어떤 준비과정을 거치셨나요?

A) 제가 시니어커리어 컨설턴트를 시작하게 된 계기는 처음에 정책지원 회사에 입사하면서 경험을 시작했습니다. 그 전에 인사 쪽에서 일한 경험이나 교육 쪽의 경험이 있습니다. 현장에서 교육을 하면서 학습을 많이 했습니다.

Q) 이 직업의 주된 진출업체는 어떤 곳인가요?

A) 상담을 주로 하고 있기 때문에 정책지원 컨설팅 업체가 주로 활동하는 무대가 되고 있고 현재는 고용과 관련된 기관이라든가 노인복지 기관 등 시니어 분들에 대한 기관들이 다 해당된다고 할 수 있겠습니다.

Q) 이 직업의 채용방법을 구체적으로 설명해 주십시오.

A) 네트워크를 통한 소개라든가 결원채용방식으로 채용되는 것이 일반적입니다. 공개채용보다는 수시채용의 형태가 일반적이라 할 수 있겠습니다.

Q) 이 직업에서 이직 또는 전직 가능한 분야를 말씀해 주세요.

A) 앞으로 고령화가 진행됨에 따라서 시니어에 관련된 상담이나 교육경험은 전 업계에서 필요한 영역이 됩니다. 따라서 일반 기업에서 시니어에 관심을 갖고 있는 교육기관이나 그쪽에 비즈니스를 하고 있는 업종이 해당될 수 있겠습니다. 고령자들이 많이 있는 복지기관에서 인력이 필요할 거 같습니다. 아울러 재무, 보험 등 시니어를 대상으로 하는 분들도 이런 쪽에 관심이 많이 필요하기 때문에 시니어 컨설턴트에 대한 수요는 무궁무진하게 넓다고 할 수 있겠습니다.

Q) 이 직업에서 필요로 하는 적성이나 흥미에는 어떤 것들이 있을까요?

A) 시니어 컨설턴트의 주 업무는 대면적인 일과 정보를 제공해 주는 일로 나누어집니다. 따라서 사람을 대하는 일에 대한 적성이 필요하겠습니다. 대인관계 기술이라든가 사회봉사라든가 공헌한다는 쪽에 가치관을 가지고 있는 사람들에게 적합할 수 있겠습니다. 또한 정보 제공 쪽의 능력을 위해선 조사, 탐색 등에 관련된 흥미나 적성이 있는 사람들이 유리하다고 할 수 있겠습니다.

Q) 이 직업에 종사하기 위해 필요한 능력이나 자질에는 어떤 것이 있을까요?

A) 이론적으로는 상담이나 심리에 관련된 부분이니까 상담학이나 상담이론이나 심리학에 대한 기본적인 이론이 필요합니다. 정신건강에 관련된 지식도 필요하다고 할 수 있겠습니다. 취업관련 기술이라든가, 컴퓨터를 활용한다든지, 연수나 교육 기법에 대한 이해도 필요하겠고 사람에 대한 일들이 많이 일어나기 때문에 진단에 관한 기술이나 기법

들에 대한 사전이해도 필요하다고 할 수 있겠습니다.

Q) 이 직업에 종사하는 데 어떤 공부가 필요합니까?

A) 직업에 관련된 일을 하고 있으니까 직업정보라든가 진로, 이런 쪽의 교과목에 대해서 좀 더 관심을 갖고 보시면 좋겠습니다.

Q) 귀하께서 이 직업에 종사하시면서 느끼는 보람이나 매력은 무엇입니까?

A) 시니어 컨설턴트의 대상이 되는 시니어들이 전환기를 겪고 있는 분들이기 때문에 굉장히 막막해 하시거나 불안해하시는 경우가 많습니다. 그런 상태에서는 의사결정능력이 취약하고 미래에 대해 부정적으로 보기가 쉽습니다. 그러한 분들에 대해서 상담이나 교육을 통해서 좀 더 긍정적으로 바라보도록 도와드렸을 때 그때 느끼는 희열은 굉장히 높다고 할 수 있겠습니다. 또 인생 100세 시대는 50년을 논다는 개념이 성립될 수 없는 시대이기 때문에 그런 면에서 시니어 컨설턴트의 역할을 무궁무진하다고 할 수 있겠습니다. 그런 사회의 니즈에 앞장서 있다는 것에 대해서 큰 자부심도 느끼고 있습니다.

Q) 귀하께서 이 직업에 종사하면서 느끼는 어려움은 어떤 것입니까?

A) 전환기에 있는 사람은 심리적으로 굉장히 불안해하고 막막해 하는 상태입니다. 따라서 전환기의 대상자에 대해서 은퇴 이후를 재무적으로만 보는 사회적 시각이 많습니다. 커리어 전환기에 있는 분들에 대해서 대면적 상담이나 불안해하는 것들을 서포트 해줌으로써 보다 긍정적으로 지지해주는 일들이 가장 중요한 측면 중에 하나라고 할 수 있겠습니다. 미국의 경우에도 큰 조류가 재무적인 면에서 커리어 상담 지원이라든가 불안이나 이런 것들의 서포트를 통해서 보다 더 긍정적으로 자신감을 회복하는 쪽으로 하고 있습니다. 그런 것들을 수행하기 위한 대면적 상담을 할 수 있는 전문가 양성이 굉장히 시급한데 그런 측면에서 아직 사회가 갖춰지지 못한 것이 아쉽습니다.

Q) 이 직업의 하루 일과는 어떤가요?

A) 직업자체보다도 커리어 컨설턴트가 어떻게 소속되어 일하고 있느냐 일하는 형태에 따라서 많이 달라질 수 있겠습니다. 저 같은 경우는 독립돼서 활동하고 있는 1인 기업형태이다보니가 다양한 업무가 혼재되어 있다는 것이 특징입니다. 생각하는 업무와 활동하는 업무가 동시다발적으로 이루어지고 있기 때문에 업무와 업무 사이의 호흡이라든가 예열을 하는 것들을 단축시키는 것들이 중요한 핵심 포인트라고 할 수 있겠습니다.

Q) 이 직업의 보수는 어떤가요?

A) 시니커컨설턴트에 관한 평균 급여수준을 본다면 200만 원정도로 노동부 자료에 나왔습니다. 기본적으로 고용형태라든가 프리랜서 등 다양한 업무 방식이 있기 때문에 그리고 개인의 브랜드 가치에 따라서 천차만별인 업종이라고 할 수 있겠습니다.

Q) 이 직업은 몇 세까지 할 수 있는 일이라고 생각하시나요?

A) 오히려 시니어의 경우는 생애발달과업이라고 해서 그 연령이 겪는 그런 경험을 갖고 있는 나이든 분을 더 선호하는 경향이 있습니다. 아울러 상담이나 이런 인생에 관련된 업무들은 나이가 들면 들수록 더 농익어 가기 때문에 나이가 들수록 유리한 직업 중에 하나입니다. 상담과 집필이나 강연 등 새로운 업종으로도 활용할 수 있기 때문에 평생 현역으로 활동하기 좋은 직업이라고 생각합니다.

Q) 이 직업의 10년 후 전망은 어떻다고 보십니까?

A) 매경 이코노미와 커리어컨설턴트 협회가 조사한 바에 의하면 향후 5년 유망직종에서 7위가 시니어컨설턴트로 나타났으며 은퇴컨설턴트가 미래 10대 직업으로 되어 있습니다. 향후 2, 30년간 은퇴를 맞게 됩니다. 그러한 시니어컨설턴트의 수요는 엄청나게 늘어날 것이라고 생각합니다. 아울러 인생 100세의 시대에는 여가를 보내는 것도 중요

한 일이 될 것이므로 여가 컨설턴트의 역할도 아울러 커질 것이라 생각합니다

Q) 이 직업을 선택하고자 하는 학생에게 한 마디 해 주신다면?

A) 인생 100세 시대에는 조직 내에서 성공만을 의미하는 직업 인생만은 아니라고 합니다. 따라서 앞으로는 수직적 성공만이 모든 것을 대변하는 시대가 아닙니다. 따라서 기본적인 개념은 수평으로 얼마나 넓혀갈 수 있느냐가 중요한 경쟁력이라 할 수 있습니다. 수많은 경험을 통해서 다양한 직업에 대한 정체성을 얼마나 넓혀갈 수 있느냐가 미래 21세기의 직업인생을 성공적으로 할 수 있는 사람이라고 할 수 있습니다. 수평적으로 넓히기 위해선 자신에 대한 기본적인 이해가 잘 되어 있고 학습이 병행되어야 합니다. 학습은 단순한 지식 뿐 만 아니라 일을 통한 학습도 있고 사람과 교류를 통한 학습도 있습니다. 지식과 학습과 일을 통해서 다양한 경험을 하면서 노력하느냐가 21세기 직업인생을 성공적으로 보내는 사람이라고 할 수 있습니다. 기본적으로 수직에 대한 것에서 벗어나서 수평으로 학습으로 자기다움을 추구하는 인생이야말로 21세기 추구해야 될 직업인생의 바로미터가 아닐까 생각합니다.

〈출처 : 미래의 직업세계(직업편 6권)-고급판 (공)저: 교육부 · 한국직업능력개발원에서 발췌〉

(사전 적합도 평가)

다음 물음에 따라가며 자신의 적성을 파악해 보세요.

1. 아래 내용을 읽고 자신의 특성이나 가치관과 비슷하다고 생각하는 만큼 점수에 표시해 보세요.

(① 전혀 아니다 ② 아니다 ③ 보통이다 ④ 그렇다 ⑤ 매우 그렇다)

정말 잘 논다. ① ② ③ ④ ⑤	여가의 중요성을 알고 스트레스를 관리한다. ① ② ③ ④ ⑤	건강관리, 삶의 질 향상에 관심이 많다. ① ② ③ ④ ⑤	사람들 만나기를 좋아한다. ① ② ③ ④ ⑤
인상이나 말투가 편안하고 신뢰감을 준다. ① ② ③ ④ ⑤	다른 사람들을 배려하고 도와주려는 마음이 있다. ① ② ③ ④ ⑤	지치지 않는 기초체력이 있다. ① ② ③ ④ ⑤	어려움을 개척하려는 마음이 있다. ① ② ③ ④ ⑤
밝고 긍정적인 사고방식을 가지고 있다. ① ② ③ ④ ⑤	새로운 여가 분야에 대한 아이디어가 있다. ① ② ③ ④ ⑤	다른 사람에게 필요한 것이 무엇인가 잘 파악한다. ① ② ③ ④ ⑤	여행 계획을 잘 세운다. ① ② ③ ④ ⑤

2. 점수의 합계를 내 보세요. 자신의 점수는 몇 점인가요?

내 점수는 _____점.

3. 점수의 합계를 통해 자신의 직업 적성도를 파악해 보세요.

적성도 A등급 (60점~48점)	적성도 B등급 (47점~36점)	적성도 C등급 (35점~12점)
당신은 잘 놀고 열심히 일할 수 있는 사람입니다. 여가 컨설턴트의 자질을 갖추고 있으니 도전해 보세요.	당신은 여가 컨설턴트의 자질을 어느 정도 갖추고 있습니다. 여가 컨설턴트에 관심이 있으면 가능성을 키워 보세요.	당신은 여가 컨설턴트가 되기에는 다소 적합하지 않지만, 적성을 키워 간다면 충분히 가능하니 포기하지 마세요.

* 위 테스트는 흥미와 적성을 바탕으로 한 것으로, 참고만 하시기 바랍니다.

내 인생의 주인공은 나야 나 /
이인희, 강규형 / 노란우산 / 2017

이 책에는 어린이들의 생활습관, 공부습관, 마음습관을 바로 잡아 주는 8가지 보물이 담겨 있습니다.

각 장은 먼저 스토리텔링으로 각 주제를 만나고, 보물찾기 면에서는 긍정습관, 꿈·비전, 시간관리, 학습계획, 공부방법, 독서습관, 우정·사랑, 진로계획의 핵심 정보를 전달합니다. 마지막으로 실천노트에서는 각 주제에 대한 작성 방법을 설명하고, 샘플을 보고 익히며, 자신만의 노트를 만들어 볼 수 있도록 구성되어 있습니다. 자기 시간 관리가 분명한 사람이 다른 사람에게 시간 관리에 대한 조언을 해줄 수 있겠지요.

모모 / 미하엘 엔데 / 비룡소
/ 1999

우리는 〈모모〉를 통해서 아이와 어른 할 것 없이 가슴 속에는 항상 존재하지만 까맣게 잊고 있던 꿈과 환상의 세계를 경험하게 됩니다. 미하엘 엔데는 이 책에서 "시간은 삶이며, 삶은 우리 마음 속에 깃들여 있는 것"이라고 말하고 있습니다. 제대로 즐길 줄 모르고, 꿈꾸기를 폭한 사람이 많아지는 이 시대에 이 책은 소중한 경험이 될 것입니다.

진지한 여가 / 로버트 스테빈스
/ 여가경영 / 2012

일에서 삶의 의미를 찾는다는 주장에 정면으로 도전하는 책입니다. 진지한 여가, 일상적 여가, 프로젝트형 여가를 통해 삶의 질 향상과 정체성 재현을 도모한다는 진지한 여가 이론을 주장하고 있습니다.

06 유사 직업 안내

은퇴미래설계사

주로 고학력 은퇴자들이 자신의 경험을 기반으로 또래 어르신들에게 제2의 인생을 설계할 수 있도록 도움을 주는 직업입니다. 최근 한양대학교 고령사회연구원에서 은퇴 후 미래설계에 관해 1년의 교육과정을 개설하기도 했습니다. 자기재발견과 사회참여에 대한 소양 강화를 목표로 인문 교양과 자기 재발견, 재무 경제, 컴퓨터, 재취업 등을 다룹니다.

평생교육사

평생교육프로그램을 기획 · 개발 · 운영 · 평가하며 관련 기관과 네트워킹을 형성하고 학습자의 상담, 교육컨설팅 등을 수행합니다. 사회와 조직의 요구를 분석하여 교육프로그램을 기획하고, 프로그램 개발의 타당성을 검토합니다. 전문가들과 협의하여 프로그램 내용과 일정 등을 결정하는 등 프로그램을 설계하고 개발하고, 강사섭외, 시설 및 매체확보 등 프로그램을 운영하고 교육성과를 분석합니다. 유사 및 관련기관과 네트워킹을 형성하고 행사를 함께 기획하고 진행하며, 교수자료를 수집 · 개발하고, 학습자를 진단하고 정보를 제공하는 등 학습 상담을 합니다. 교육문제를 진단하고 해결 방안을 제시하는 등 교육 컨설팅을 합니다.

- 제4차산업혁명 / 클라우스 슈밥 / 새로운현재
- 세계미래보고서 2030–2050 / 박영숙 · 제롬글렌 / 교보문고
- 세계미래보고서 2055 / 제롬글렌 / 비즈니스북스
- 여가 · 레크리에이션 · 사회체육 / 박영숙 / 대한미디어

5장

녹색건축전문가

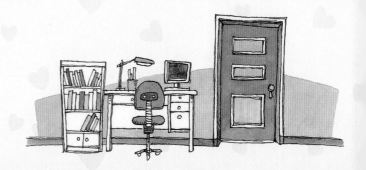

녹색건축전문가는

녹색건축전문가는 건축물에 생태 공간을 조성하거나 에너지 효율을 고려하고 친환경 자재를 사용하는 등 녹색건축 인증 기준에 적합하도록 건축물을 설계, 조언, 검토하는 사람입니다.

직업 관련 재미있는 이야기

환경과 공존하는 건축, 어떻게 실현할 수 있을까요?

〈출처: 네이버 포스트〉

첫 번째 사진은 2018년 완공 예정으로 아시아 최초로 건물 전체를 나무로 뒤덮은 수직 숲인 난징 타워이고, 두 번째 사진은 서울시청에 7층 높이로 만들어진 수직정원 그린월입니다. 위의 사진의 공통점은 무엇일까요? 네, 맞아요. 녹색 식물을 건축물에 활용하고 있다는 것이지요. 그런데 녹색 식물들을 왜 건축물에 활용하였을까요? 여러분들도 주변에서 이렇게 녹색 식물을 활용한 건축이나 자연 환경과 조화를 이루는 집이나 건물을 본 적이 있거나 환경 파괴나 에너지 낭비를 최대한 줄이기 위한 건축 설계 방법에 대해 들어본 적이 있을 것입니다. 이러한 설계 방법은 에너지 사용을 줄이고 환경 오염을 최소화하는 방법으로 전 세계적으로 건축되고 있습니다.

[인천공항 제2여객터미널]공항 건축 새 패러다임 제시

'그린 · 에코 · 스마트 · 컬처'

인천국제공항 제2여객터미널은 공항 건축의 새로운 패러다임을 제시했다. 그린(Green) · 에코(Eco) · 스마트(Smart) · 컬처(Culture)가 바로 그것이다. 2터미널은 친환경 요소를 적극 도입해 세계적 이슈인 환경과 에너지 문제에 적극 대응하고, 첨단정보통신기술(ICT)을 이용해 누구나 쉽고 빠르게 이용할 수 있는 스마트 공항으로 진화했다.

국내 공항 최초로 신재생에너지인 태양광과 지열을 대규모로 설치해 에너지를 10% 절감한 게 대표적이다. 1터미널과는 달리 2터미널의 지붕 위에는 태양광전지(PV)가, 제2교통센터 지붕에는 건물일체형태양광(BIPV)을 전면 부착했다. 공항 주변 유휴지에 대단위 태양광 발전단지를 조성했다. 지열 설비를 이용한 냉난방시스템, 자연환기 · 자연채광 시스템, LED 조명 등을 설치해 에너지 절감률을 1터미널에 비해 40%가량 끌어올렸다. 이런 환경 친화적 설계로 2터미널은 녹색건축 예비인증 최우수 등급을 획득했다.

2터미널은 숲과 물이 있는 공간, 자연과 건축이 공존하는 공간이다. 실내 조경면적을 1터미널보다 3배 이상 확대했고 공항 곳곳에 녹지와 수목이 살아 숨 쉬며 자연과 건축이 융합되는 에코포트로 조성됐다. 식물녹화로 마감한 실내 벽면, 오염물질을 흡수하는 정화식물, 수경시설과 녹지화단의 조화로운 배치 등 친환경 공간 조성계획은 공항을 찾는 이용객들의 지친 심신을 달래준다.

에코포트의 하이라이트는 2터미널 진입부 직선구간에 뻗은 '비스타 파크'다. 길이 1.8㎞의 2터미널 진입부 직선구간에는 크고 곧은 소나무를 심어 2터미널에 시선의 초점이 맞히도록 했다. 비스타 파크 공간은 전 구간에 경관조명을 달아 밤에도 2터미널 방향으로 진입을 유도하는 역할을 한다. 에코포트는 인천공항의 브랜드 가치를 한층 더 높여줄 것으로 기대된다.

〈출처: 건설경제신문, 2018년 1월 15일 기사문〉

최근 국가와 지역별로 개발에 따른 환경 오염 문제가 심화됨에 따라서 친환경적인 건축이 대안으로 떠오르고 있습니다. 예전에는 가능한 빠른 시간에 저비용으로 효율적인 빌딩이나 아파트 등을 짓는 것이 화두였지만 이제는 환경 오염을 최소화하고 에너지를 절감하며, 자연과의 공존을 모색하는 건축이 정부와 지자체의 시책으로 장려되고 실현되고 있습니다. 이러한 친환경 건축을 설계, 검토, 컨설팅하여 그린도시를 구축해 나가는 녹색건축전문가에 대해 알아볼까요?

녹색건축전문가란?

최근 도시 환경 오염의 50%가 도시 건축물에서 비롯된다는 통계는 앞으로의 건축을 통해 환경 보존의 가치를 실현해 나가는 것이 현세와 후세에 걸친 인류의 생존과 지구의 환경 문제의 중요한 대안이라는 것을 깨닫게 해 줍니다. 이러한 맥락에서 '녹색건축'은 도시 환경과 지속가능성을 위해 자연과 환경을 최소로 이용하면서 인간에게 자연친화적이고 쾌적한 건축물을 지향하는 건축 행위라고 볼 수 있습니다.

'녹색 건축'은 '그린 빌딩', '녹색 건물' 등과 함께 사용되는데 건물의 에너지, 물, 자재 등의 자원에 대한 사용의 효율 증가를 실행하는 것으로, 동시에 건물의 사용 기간 동안 인간의 건강과 환경에 미치는 영향을 줄일 수 있도록 설계, 건설, 운용, 보수 관리, 철거하는 것을 포괄하는 의미라고 볼 수 있습니다. 이러한 '녹색 건축'을 실현하기 위한 대표적인 기술은 냉난방, 조명 등의 에너지 소비를 줄이는 기술과 건물로부터 유발되는 오염원과 피해를 저감하거나 폐자원의 재사용하는 기술 등이 있습니다.

'녹색건축전문가'는 녹지 등의 생태 공간을 조성하거나, 에너지 효율을 높이고, 친환경 건축 자재를 사용하는 등을 방법을 통해 녹색 건축 인증 기준에 적합한 건축물을 계획, 설계, 시공, 평가합니다.

'녹색건축전문가'가 하는 구체적인 직무는 다음과 같습니다.

첫째, 에너지 이용 효율이나 신재생에너지의 사용 비율을 높이고 온실가스 배출을 최소화하는 녹색 건축물을 계획하고 설계합니다.

둘째, '녹색건축 인증제'를 적용하여 에너지와 자원을 절약하고, 오염 물질 배출을 감소시키며, 쾌적함이나 주변 환경과의 조화 등 환경에 미치는 요소를 고려하여 건축을 설계하고 시공합니다.

셋째, 건축물의 친환경성을 녹색건축 인증 기준에 따라 평가 또는 인증하고 친환경성 증대를 위한 컨설팅을 합니다.

훈련과정 및 자격

녹색건축전문가는 건축물이 녹색건축의 인증 기준에 적합하게 계획을 설계하거나 계획안을 검토하며, 대안을 제안하여 건축물의 물리적인 성능을 향상시키기 위한 기술 및 컨설팅을 수행하는 건축가 또는 엔지니어입니다. 이를 위해서는 녹지 등의 생태 공간, 에너지 효율, 친환경 자재 사용 등의 부분을 통해 녹색건축의 인증기준에 대해 전문적인 이해와 역량을 지니고 있어야 합니다.

녹색건축전문가는 기본적으로 건축에 대한 이해가 반드시 선행되어야 하기 때문에 건축전문가의 역량이 가장 중요합니다. 이와 더불어 친환경적 아이디어와 전문지식, 그리고 건축 구성에 필요한 에너지에 대한 이해를 필요로 합니다. 실제 건축 행위 과정에서 녹색건축 인증기준 등 친환경적 지식을 활용하여 건축물의 에너지와 자원이 얼마나 절약되는지, 오염물질을 감소하기 위해서는 어떻게 해야 하는지, 주변 환경과 얼마나 조화를 이루는지 등을 확인하고 평가하여 녹색건축의 계획, 설계, 시공에 반영해야 합니다. 녹색건축전문가는 '녹색'으로 상징되는 환경, 건축 분야의 지식과 기술이 융합되는 직업이라는 점에서 건축과 환경의 융합적 역량을 지닌 사람에게 적합합니다.

이 직업은 건축에 대한 높은 수준의 지식과 역량을 필요로 하기 때문에 대학교나 대학원에서 관련 학과 전공을 공부하는 것이 좋습니다. 관련 학과로는 건축학과 건축공학과, 도시계획학과, 도시개발경영학과, 조경학과, 건축설비학과가 있습니다. 이중 대학교의 건축학과에서 배우는 분야는 시공, 구조, 재료, 환경 등 크게 4가지로 구분되는데 건축과 사회, 건축미학, 도시계획, 건축설비, 건축조경, 건축설계, 도시계획 등의 과목에 대해 배우게 됩니다. 따라서 평소 건축물에 대한 관심이 많고, 건축물을 설계하거나 건축물의 공간에 대한 이해가 뛰어나다고 생각한다면 충분히 도전해 볼 수 있는 직업입니다.

더불어 실제적으로 녹색건축전문가와 가장 밀접하게 관련되는 녹색건축 인증 제도에 대해 잘 이해하고 있어야 한다는 점에서, 제도와 법에 대한 지식과 이해가 많아야 합니다. 또한 건축물을 대상으로 에너지와 자원의 절약, 오염물질의 감소를 시뮬레이션하고 통계적으로 분석하고 평가하려면 관련 컴퓨터 프로그램을 다루는 능력도 필요합니다.

관련 자격으로는 '건축물 에너지평가사'가 있는데, 이 자격증은 건축물에서 사용되는 에너지를 효율적으로 관리하고 평가하는 자격증입니다. 건축물에너지평가사 자격시험은 녹색건축물조성지원법에 따라 건축물에너지효율등급 평가업무 등 녹색건축물 조성을 위한 전문 인력 양성을 위해 국가자격으로 시행했으며, 건축물에너지에 대한 건축, 기계, 전기, 신재생 분야의 종합적인 지식을 제1차, 제2차 시험에 걸쳐 평가하고 있습니다.

02 누구에게 어울릴까

흥미와 적성

　녹색건축전문가는 건축과 환경의 두 가지 분야가 융합된 직업으로 이 두 가지 분야에 대한 흥미와 적성이 있다면 도전해 볼 수 있는 직업입니다.

　첫째, 건축 분야는 사회문화적 요구와 예술을 반영하므로, 건축학에 대한 역사적 흐름을 이해하고 문화적, 사회적, 예술적인 분야에 폭넓은 관심을 가지고 있으면 좋습니다. 특히 건축학을 공부하기 위해서는 공간을 지각하는 능력이나 창의적인 공간적 구조와 아이디어를 정확하면서도 예술적으로 표현하는 감각, 그리고 복잡한 문제나 요소와의 관계성을 이해하고 적용하는 능력이 필요합니다. 또한 건축물을 설계하는데 필요한 컴퓨터 프로그램을 다루는 것을 좋아하고 잘 할 수 있는 사람에게 적합합니다.

　환경적인 부분에서는 자연과 건축을 거시적으로 조망하면서도 그 관계성에 대해 섬세하게 포착할 수 있는 역량과 건축물의 에너지 효율이나 오염정도를 통계적으로 분석하여 평가하는 능력 등이 요구됩니다. 따라서 현상을 거시적으로 인식하고 잘 분석하는 사람이나 정확하고 꼼꼼한 사람에게 유리하며, 실험을 자주하므로 끈기와 인내심과 같은 적성이 요구됩니다.

미국, 영국, 일본 등 선진국에서는 다양한 녹색건축 인증 제도를 시행하고 있는데, 영국 브리암(BREEAM), 미국 리드(LEED), 일본 카스비(CASBEE), 호주 그린스타(Green Star) 등이 대표적입니다. 이중 영국은 녹색건축 전문 인증을 위한 에너지평가사 제도를 운영하고 있는데, 자영업 형태나 부동산 에이전트나 친환경건축 회사 등에서 활동합니다.

국내에서 녹색건축전문가는 주로 국토교통부, 교육과학기술부, 환경부, 건축이나 환경 관련 연구원과 같은 정부기관이나 녹색건축 전문기업, 녹색건축 인증기관 등에서 활동할 수 있기 때문에 대학에서 관련 전공을 이수하거나 관련 공무원 시험이나 국가자격 시험을 통과해야 합니다. 녹색건축전문가의 주요 자격증인 건축물 에너지평가사 자격시험의 경우 건축물에너지 관련 법규, 건축 환경 계획, 건축설비시스템, 건물 에너지효율 설계 평가의 4과목으로 1차 필기, 2차 실기 시험을 합격하면 최종 자격증이 발급됩니다.

현재 대부분의 녹색건축전문가들은 녹색건축 전문기업이나 인증기관에서 전문가로 활동하고 있습니다.

우리나라 정부는 2013년 3월 '녹색건축물 조성지원법'을 시행하며, 건축물의 온실가스 배출을 감축하고, 에너지를 절감하기 위한 친환경적인 건축물을 확산해 나가고 있습니다. 이에 따라 2015년에 '건축물 에너지평가사' 자격이 국가 자격으로 전환되었습니다. 이러한 추세에 따라 녹색건축 인증 적용 건축물을 크게 늘어나고, 건축물의 인증 업무를 하는 전문 인력을 찾는 기업이나 기관이 늘어날 전망입니다.

03 진로독서 함께 해요

제1도서 진로독서 활동(초등용)

도서	지구에서 제일 멋진 집 에코하우스	도서정보	임태훈 글 / 스콜라

　　세계의 다양한 집을 소개하면서 그 속에 담긴 과학적인 원리를 알기 쉽게 설명하고 있는 책이야. 특히 집에서의 생활을 위해 난방과 냉방, 조명, 환기 과정에서 필요로 하는 과도한 에너지 사용의 문제를 비판적으로 생각해 보고, 단열과 환기가 잘 되면서도 에너지를 적게 쓰는 집짓기 방법을 알기 쉽게 설명하고 있어. 환경과 미래를 생각하는 에코하우스의 비밀을 과학적인 원리와 함께 풀어가고 있기 때문에 건축 공부와 함께 과학 공부도 자연스럽게 할 수 있는 책이야. 이 책을 쓴 임태훈 선생님은 고등학교 과학 선생님답게, 세계 속의 다양한 집들이 어떠한 환경에 맞게 지어졌고, 우리가 앞으로 어떠한 집을 지어야 환경을 지키면서도 편안하게 생활할 수 있게 되는지에 대해 다양한 사진과 친절한 원리 설명을 바탕으로 알차면서도 알기 쉽게 설명해 주고 있어. 자, 그럼 지구에서 제일 멋진 집 에코하우스로 출발해 볼까?

가. 배경지식으로 찾아보기

⊏┊◦ 좋아하거나 인상 깊은 집이나 빌딩이 있다면 말해 보세요.

⊏┊◦ 환경 보호를 보호하기 위해서 친환경적인 건축물인 에코하우스를 짓는
것이 매우 큰 도움이 된다고 합니다. 내가 보거나 들은 것 중에서 친환
경적인 건축물이나 건축 방법이라고 할 수 있는 것을 하나만 소개해 보
고, 어떠한 점에서 그렇게 생각했는지 이야기해 보세요.

나. 책 속에서 진로 찾기

⊏┊◦ 이 책에는 에코하우스의 조건으로 열, 빛, 공기 등이 소개되고 있어요.
이 중에서 에코하우스를 만들기 위해 가장 중요하다고 생각되는 순서로
나열해 보고, 그 이유에 대해 말해 보세요.

⊏┊◦ 에코하우스를 만들기 위해서는 열, 빛 공기를 잘 이용할 수 있는 집을 짓
는 것을 물론 친환경적인 소재나 신재생에너지를 활용하는 것도 필요합
니다. 에코하우스 건축을 위해서는 이러한 조건들과 관련된 과학적인 원
리에 대해 기본적으로 잘 알고 있어야겠지요. 이 외에도 에코하우스 만
들기를 위해 더 알아야 하거나 공부해야 할 것들이 있다면 말해 보세요.

'녹색건축전문가'는 에코하우스를 만들 때 어떤 도움을 줄 수 있을지 말해 보세요.

환경 오염 이외에도 건축 분야에서는 고려해야 할 사회 문제가 있다면 말해 보고, 이러한 문제 해결을 위해 어떠한 준비나 노력이 필요한지 생각해 보세요.

토론 논제 : 집을 지을 때 환경적 가치가 경제적 가치보다 우선해야 한다.

　　사람들은 보통 집을 지을 때 집터를 사는데 필요한 돈이나 집을 짓는데 들어가는 비용, 그리고 집을 지으면서 납부하게 되는 세금과 이후 집에서 생활하면서 지출하게 되는 냉난방 비용 등의 경제적 가치를 먼저 생각하게 됩니다. 하지만, 지구온난화나 환경 오염 등의 인류의 생존과 미래와 관련된 문제를 생각해 보면 단 한 채의 작은 집이라도 오랜 시간 환경에 큰 영향을 미칠 수 있으므로 환경적인 가치 또한 매우 중요함을 알 수 있습니다. 만약 집을 짓는 과정에서 이 두 개의 가치가 충돌하게 된다면 여러 분은 어떠한 가치를 우선하여 선택하게 될까요?

　　내가 실제 건축가가 되어 집을 짓는다고 가정해 보고 '집을 지을 때 환경적 가치가 경제적 가치보다 우선해야 한다.'를 주제로 찬성 측과 반대 측으로 나누어 이야기해 봅시다. 이 토론을 통해 에코하우스의 정확한 뜻이 무엇인지, 현재 에코하우스는 어떻게 지어지고 있는지, 집을 짓는 것과 관련된 경제적 가치와 환경적 가치에는 어떤 것들이 있는지, 집과 관련하여 이 두 개의 가치를 잘 반영한 건축물은 어떤 것들이 있는지에 대해 찾아보고 생각해보며 다양한 관점에서 토론해 볼 수 있기를 바랍니다.

도서	건축가가 말하는 건축가	도서정보	이상림 외 / 부키

17명의 건축가가 건축가라는 직업에 대해 서로 다른 주제와 관점으로 진솔하게 풀어낸 이야기들을 모든 책입니다. 건축가는 누구인가로부터 시작하여 전문 건축가가 되기 위해 꿈꾸고 노력하는 건축 새내기들의 도전 이야기, 그리고 공공 건축과 주택 건축 등 다양한 건축 이야기, 도시 설계와 조경 등 더 넓은 건축 세계 이야기, 세계 속의 한국 건축 이야기 등이 다채롭게 실려 있습니다. 건축가에 대해 폭넓게 언급하고 있지만 기본적으로 환경이나 자연과 조화를 이루는 건축의 다양한 방법들이 소개되고 있다는 점에서 녹색건축의 기본 철학과 실천을 담고 있다고 볼 수 있습니다.

책을 읽다보면 건축은 단순하게 땅위에 나무나 철근을 세우고, 그 속을 시멘트로 채우는 것만이 아닌 인간과 자연을 중심으로 한 행복한 공간을 만들어 나가는 일임을 자연스럽게 공감하고 깨달을 수 있습니다. 이 과정에서 자연과 공존하고 인간다운 삶을 위한 녹색건축의 방향도 읽어낼 수 있을 것입니다.

가. 배경지식으로 찾아보기

🔈 '건축'하면 어떤 말이 떠오르는 말해 보세요.

🔈 내가 살고 있는 집에서 배출되는 물질이나 집의 설계 혹은 구조로 인하여 환경이 오염될 수 있다고 생각되는 부분이 있다면 말해 보세요.

나. 책 속에서 진로 찾기

🔈 이 책은 17명의 건축가가 건축가라는 직업에 대해 말한 내용으로 이루어져 있습니다. 이 중에 자연과 조화를 이루고 환경 보존을 위한 건축을 하기 위해 건축가는 어떤 소양과 자질을 지녀야 하는지 설명해 보세요.

🔈 이 책에 나오는 많은 건축가들은 환경과 조화를 이루는 건축에 대해 공감하고 있습니다. 자연과 건축이 조화를 이루며 발전해 나가기 위한 구체적인 건축 방안에 대해 말해 보세요.

'녹색건축'의 대표적인 건축물을 찾아보고, 왜 '녹색건축'이라고 말할 수 있는지 평가해 보세요.

'녹색건축전문가'가 되기 위해서 지금 학생으로서 노력해야 할 것은 무엇인지 말해 보세요.

토론 논제 : 모든 건물에 녹색건축 인증을 의무화해야 한다.

현재 녹색건축 인증 제도는 에너지 절약 및 환경 오염을 줄이는 데 기여한 친환경 건축물에 대한 인증제로 건축주가 건축하거나 증축한 건축물에 대해 인증기관에 스스로 신청을 하여 인증을 받고 있습니다. 이러한 인증을 받게 되면 등급에 따라 재산세나 취득세 등의 세제 혜택이나 기타 혜택을 받게 된다고 합니다. 이러한 녹색건축 인증 제도는 환경적 측면과 경제적 측면에서 볼 때, 에너지 절감과 환경 오염 줄이기라는 큰 효과를 달성할 수 있다는 장점이 있으나 경제적 측면과 제도적 측면에서 환경 건축 자재나 시스템의 비용이 높아 경제적 부담이 크고 일부 건축물에만 선택적으로 인증하기 때문에 아직은 그 환경적 효과가 크지 않다는 우려가 있기도 합니다.

이러한 맥락에서 '모든 건물에 녹색건축 인증을 의무화해야 한다.'를 주제로 찬성 측과 반대 측으로 나누어 이야기해 봅시다. 이 토론을 통해 녹색건축의 정의가 무엇인지, 현재 녹색건축 인증이 어떻게 이루어지고 있는지, 모든 건물에 녹색건축 인증을 의무화하면 어떠한 장점과 단점이 있는지, 녹색건축 인증에 관한 다른 나라의 사례는 어떠한지에 대해 생각해보며 다양한 관점에서 토론해 볼 수 있기를 바랍니다.

다음 기사 내용을 보고 물음에 답해 보세요.

녹색건축 육성 핵심은 '기술·SW'

정부가 외부 에너지 공급이 필요 없는 제로에너지하우스를 비롯한 녹색건축 분야를 활성화해 기후변화 이슈에 대응하고 미래 신산업으로 육성한다는 계획을 내놨다. 특히 모호한 로드맵 제시에 그치지 않고 세금, 용적률, 금융지원 등 인센티브를 제공하겠다고 밝혀 시장이 빠르게 형성될 것으로 기대된다. 녹색건축물은 효과가 확인됐음에도 불구하고 공사비가 일반 건축물보다 30% 정도 높아 활성화의 걸림돌로 작용했다.

국토교통부가 시범사업을 추진키로 한 강북구 56가구 규모 노후 단독주택지 재건축의 경우 제로에너지빌딩으로 재건축하면 공사비가 52억원 더 들지만 용적률, 보조금, 세제 지원 등을 받으면 비용이 비슷해진다고 한다. 주민들은 입주 후 에너지 비용이 대폭 줄어들 것으로 기대된다. 정부가 2020년부터 주민센터, 우체국 등 소형 공공건축물부터 제로에너지빌딩을 의무화하고, 2025년부터는 민간 건축물까지 의무화하기로 해 녹색건축은 조만간 선택이 아닌 필수 투자가 될 전망이다.

다만 이같은 흐름이 우리 산업 성장과 국제경쟁력 강화로 이어지려면 녹색건축 핵심 원천기술과 소프트웨어 확보가 반드시 필요하다. 영국은 2016년부터 주택을 제로에너지빌딩으로 만든다는 목표를 세웠고, 유럽연합은 2020년 신축건물을 제로에너지빌딩으로 세운다는 로드맵을 수립했다. 미국도 2020년 연방정부 건물을 제로에너지빌딩으로 만들 계획이다. 각국은 금융지원과 더불어 기술개발에도 경쟁적으로 나서고 있다. 우리나라에서도 한국에너지기술연구원, 한국건설기술연구원 등 연구기관과 대학, 건설회사 등이 기술 개발을 하고 있다.

그러나 고성능 창호, 외부단열재 등 건자재 시장에서 국산 제품의 경쟁력도 떨어진다. 시장 활성화가 여러 요인으로 힘든 데다 시장이 열려도 이를 뒷받침할 다양한 국산 기술과 제품이 부족한 것이다. 이런 상황이 이어지면 정부 인센티브에 힘입어 열리는 녹색건축 시장의 열매를 외산 건자재와 외국 SW에 내줄 수밖에 없다. 원천기술과 SW 투자 없인 우리 것이 아닌 '남의 신산업'만 열어주는 꼴이 된다.

정부는 에너지 설계기준을 강화해 수입에 의존하는 외부 단열재, 고성능 유리 등 국산 건자재 기술 개발을 강하게 밀어붙여야 한다. 또 제로에너지빌딩의 두뇌라 할 수 있는 설계와 SW 경쟁력을 높일 수 있도록 대가를 제대로 지불하고 기업이 성장하는 생태계를 만들어줘야 한다. 기술력 있는 기업을 육성하지 않고는 미래 신산업은 남의 얘기이기 때문이다. 건설업계 역시 새로 열리는 녹색건축 시장을 기업 경쟁력 강화와 글로벌 시장 진출의 기회로 보고 적극적인 기술투자에 나서야 한다.

정부는 첨단기술에만 투자를 집중할 게 아니라 녹색건축 기술 개발에 관심을 기울여야 한다. 또 부처간 칸막이를 없애고 미래부 R&D, 산업부 에너지정책, 국토부의 건설 및 도시조성 정책을 긴밀하게 융합한 추진전략을 세워 추진해야 한다. 아울러 사업성이 떨어지는 단독주택용 모델 등 다양한 형태를 패키지화해 수요자들이 손쉽게 선택할 수 있도록 해야 할 것이다.

⟨출처: 디지털타임즈 2014년 07월 20일 기사문⟩

1) 녹색건축이 앞으로 선택이 아닌 필수 투자가 되는 이유는 무엇인가요?

정부에서 녹색건축에 대한 세금, 용적률, 금융지원 등 인센티브를 제공하고, 녹색건축에 대한 경제성도 많이 향상되는 한편 조만간 대부분의 건축물에 제로에너지빌딩의 의무화할 것이므로 선택이 아닌 필수 투자가 되었다.

2) 녹색 건축 산업 발전을 위해 선진국은 어떤 투자와 노력을 기울이고 있는지 말해 보세요.

영국을 미국, 유럽연합은 제로에너지빌딩 계획을 추진 중에 있으며, 각 국은 금융지원과 더불어 기술개발에도 경쟁적으로 나서고 있다.

3) 녹색 건축이 산업 성장과 국가 경쟁력 강화로 이어지기 위해서 해결되어야 하는 문제는 무엇인지 생각해 보세요.

고성능 창호, 외부단열재 등 건자재 시장에서 국산 제품의 경쟁력도 떨어진다. 정부는 이와 같은 국산 건축자재 기술을 개발하고 설계와 SW 경쟁력을 높일 수 있도록 지원해야 한다. 건설업계도 적극적으로 기술투자해야 한다.

그린코드 녹색도시연구소에서 녹색건축전문가로 일하는 김유민 소장에 대한 인터뷰 내용을 소개합니다.

인터뷰: 그린코드 녹색도시연구소 김유민 소장

Q. 현재 녹색건축 분야에서 어떤 일을 하고 계신가요?

A. 크게 두 가지 일을 하고 있습니다. 첫째는 건축물 에너지 절감에 필요한 관련 데이터를 정량화하는 작업을 하고 있습니다. 에너지 효율을 높이기 위한 다양한 요소를 단계별 또는 등급별로 표준화해서 에너지 활용이 효율적으로 개선되도록 하는 에너지 표준화 작업을 연구하고 있습니다. 이러한 연구결과는 작은 비용으로 효율을 높이는 '그린 리모델링'을 가능하게 합니다. 두 번째로 효율적인 녹색건축을 위한 연구 개발 업무를 하고 있습니다. 예를 들어, 태양광 발전설비 설치기준 가이드라인을 개발한 바 있는데, 이 가이드라인은 서울시 주도하에 모든 태양광 건축물에 법적으로 적용되는 기준이 될 예정입니다. 이처럼 신재생에너지의 활용, 도시의 미관, 건축물 구조를 모두 고려해 녹색, 에너지, 디자인의 효율적인 접점을 찾는 연구를 하고 있습니다.

Q. 녹색건축 분야에서 일을 하게 된 특별한 동기가 있으셨나요?

A. 어머니께서 돌아가시기 전 노년에 휠체어를 이용하셨습니다. 휠체어를 타신 어머니를 보시고 다니다보니 버스, 전철, 병원, 전시장 등 대부분의 건물과 교통수단을 이용하는 게 불편했습니다. 그래서 점차 외출을 줄이게 되고 그게 불효가 된 것 같아 늘 가슴 아팠습니다. 그때 '지속가능한 도시'가 되려면 노약자나 어린이도 '누구나 살기 좋은 도시', '장애물 없는 도시'가 되어야 한다고 생각하게 됐습니다. 유럽의 선진국은 녹색도시 구축을 위해 '장애물 없는 도시'에 대한 생각을 당연하게 여기고 시행하고 있습니다. 유럽의 트램의 경우, 출입문이 인

도와 차도의 높이가 같아 출입이 편하고 내부공간이 충분해 휠체어를 그대로 둘 수 있습니다. 또 전기를 사용해서 친환경적이기까지 하지요. 범죄예방 환경설계 역시 범죄에 노출되기 쉬운 어린이나 여성을 위해 설계된 도시 환경입니다. 이런 '녹색도시를 위한 주요한 방안'도 '녹색건축'의 일부이며 이런 것들을 알게 되면서 흥미가 생겨 공부를 시작했습니다.

Q. 이 분야에서 일하기 위해 어떤 전공과 경력을 쌓으셨나요?

A. 도시공학 박사학위를 취득했고, 현재 녹색도시연구소 연구소장으로 일하고 있습니다. 그동안 녹색도시, 녹색건축, 그린에너지, 장애물 없는 생활환경, 지능형 건축물 등에 대한 인증과 컨설팅을 200여건 이상 진행했습니다. 또 공공과 민간을 위한 녹색-제로에너지-저탄소 건축에 관한 연구도 진행한 바 있습니다. 주요 연구결과로는 '탄소중립 녹색도시 구축을 위한 계획 지표 및 평가기준 개발'이 있습니다. 이 기준은 탄소를 저감하고 녹색도시를 위한 도시 개발과 도시 재생을 목적으로 만든 평가지표입니다.

Q. 건축과 환경을 함께 다룬다는 점에서 어려운 점도 많으셨을 것 같은데요.

A. 사업자, 건축주, 설계사무소, 시공사 등 그리고 일반 소비자들까지도 녹색건축을 왜 해야 하는지 모르는 부분이 가장 힘듭니다. 녹색건축에 대한 이해와 사회적인 인식이 아직 미흡하기 때문이지요. 대신 보람도 큽니다. 일반등급 수준의 건축물이 최우수등급 인증을 받게 되었을 때 가장 보람이 큰데요. 단순히 등급이 상향되어서가 아니라 제가 한 일로 또 하나의 환경 친화적인 녹색건물이 생겼다는 점에서 일에 대한 긍지와 자부심을 느낄 수 있기 때문입니다. 자칫하면 에너지를 많이 소비하는 건축물을 만들어 녹색도시를 저해할 수도 있었는데, 제 노력으로 친환경적이면서도 쾌적한 건축물을 만드는데 일조했다는 점이 일하는 큰 즐거움이 됩니다.

Q. 일하시면서 경험했던 일 중에 기억에 남는 일이 있으면 소개해주세요.

A. '서울시 선농당 역사문화전시관'을 아시나요? 전에 이 건축물의 에너지 효율을 높여서 에너지효율 1등급 획득을 목표로 컨설팅 한 적이 있습니다. 이 건물은 역사를 보존하는 문화전시관이기 때문에 여러모로 상징적인 의미가 큰데요. 당시 에너지효율을 향상시키는 방안을 내부 매뉴얼로 만들어 직원들을 교육하고, 그 결과 당초 목표였던 1등급을 초과해 국내 최초로 에너지효율 '1++등급'을 획득한 적이 있었습니다. 아직까지 인증 건물 중 최고등급이고 최저 에너지 소요량을 자랑하고 있지요. 역사문화전시관을 그렇게 개선한 것도 기분 좋고 행복했는데, 나중에 내부 매뉴얼 교육 덕택에 안암동 복합청사, 구로구청 별관 등을 컨설팅하면서 어렵지 않게 에너지효율 '1+등급'을 획득해서 그간의 제 노력이 헛되지 않았다는 것을 느낄 수 있었습니다.

Q. 미래의 녹색건축전문가에게 꼭 필요한 역량이 무엇일까요?

A. 사명감과 스스로 학습하는 능력. 이 두 가지를 강조하고 싶습니다. 그리고 인내심도 매우 중요합니다. 이 분야의 기술과 과업 목표가 상당히 급속도로 진전되고 있으므로 끊임없이 공부하고 자습하는 자세도 필요합니다. 그렇지 않으면 뒤처지고 적응이 어려워집니다. 또한 아직은 사회적으로 잘 알려진 일이 아니어서 처음 시작한다는 점에서 어려움이 있을 겁니다. 때문에 인내심을 갖고 부단히 자신의 역량을 개발하는 노력이 필요합니다.

〈출처: 미래를 함께 할 새로운 직업, 한국고용정보원, 2014〉

(사전 적합도 평가)

다음 물음에 따라가며 자신의 적성을 파악해 보세요.

1. 아래 내용을 읽고 자신의 성격 특성과 가깝다고 생각하는 것에 O표 하세요..

자연 환경에 대한 관심이 많다.	현상을 관찰하는 것을 좋아한다.	공간을 잘 인식하는 편이다.	새롭게 탐구하는 것을 즐긴다.
모든 일에 책임감을 가지고 참여한다.	말을 논리적으로 조리 있게 잘 한다.	다른 사람을 이끌어 가는 리더십이 있다.	생각한 것을 직접 만들어 보는 것을 좋아한다.
분석하는 것을 좋아한다.	주변 사람들로부터 공정하다는 말을 듣곤 한다.	어려운 문제가 발생하면 반드시 해결하려고 한다.	새로운 사람들과도 대화를 잘한다.

2. 점수의 합계를 내 보세요. 자신의 점수는 몇 점인가요?

내 점수는 _____점.

3. 점수의 합계를 통해 자신의 직업 적성도를 파악해 보세요.

적성도 A등급 (9~12개)	적성도 B등급 (5~8개)	적성도 C등급 (0~4개)
당신은 창의력, 논리력, 의사소통능력 등을 갖춘 사람입니다. 녹색건축전문가의 자질을 갖추고 있으니 도전해 보세요.	당신은 녹색건축전문가의 자질을 어느 정도 갖추고 있습니다. 녹색건축전문가에 관심이 있으면 가능성을 키워 보세요.	당신은 녹색건축전문가가 되기에는 적합하지 않지만, 적성을 키워 간다면 충분히 가능하니 포기하지 마세요.

* 위 테스트는 흥미와 적성을 바탕으로 한 것으로, 참고만 하시기 바랍니다.

자연을 담은 건축가 가우디 /
레이첼 로드리게즈 / 아이세움 /
2010

이 책은 스페인의 건축가 안토니오 가우디의 일생과 작품들을 만나볼 수 있는 그림책입니다. 이 책의 주인공 안토니오 가우디는 스페인의 한 작은 마을에서 태어나 뾰족하게 솟은 산봉우리와 은빛 올리브나무, 반짝반짝 빛나는 바다가 있는 고향의 자연에서 깊은 감명을 받습니다. 그는 건축가가 된 후 이러한 자연에서 받은 영감을 건축물에 나뭇잎들, 동물의 발, 거대한 뱀, 파도 등의 형태로 형상화합니다. 특히 세계 문화 유산으로 지정된 일곱 곳의 건축물이 소개되고 있는데 이러한 건축물을 바탕으로 안토니오 가우디가 자연을 건축물에 어떻게 담으려고 노력했는지에 대해 생각해 볼 수 있습니다. 이 책을 통해 건축가는 단순히 집이나 빌딩 등의 건물을 짓는 것뿐만 아니라 자연과 사회, 문화의 영감과 조화가 건축물의 구조와 형태 등 큰 영향을 주는 것임을 확인할 수 있습니다. 이 과정을 통해 자연과 공존하는 건축이 어떠한 발상으로 시작될 수 있는지 생각해 보는데 유의미한 책입니다.

나, 건축가 안도 다다오 /
안도 다다오 지음 이규원 옮김 /
안그라픽스 / 2009

이 책은 일본의 유명 건축가 안도 다다오의 첫 자서전입니다. 안도 다다오는 프로복서를 거쳐 세계 각국을 여행한 후 독학으로 건축을 배워 건축연구소를 세우고 미국 유명대학의 교수를 거쳐 일본, 한국, 유럽 등에 독창적인 건축물을 만들었습니다. 특히 이 책에는 개인과 공동체가 어울려 살아가는 공간을 건축 행위를 통해 설계하고 창조해 나가는 건축가의 생각과 의지를 통해 건축가가 필요로 하는 소양과 노력 등에 대해 배울 수 있습니다.

이 책에는 안도 다다오의 다양한 건축물이 실제 사진과 함께 자서전 형식으로 친절하게 설명되어 있습니다. 이중 안도 다다오의 대표적인 건축 기법으로 손꼽히는 노출 콘크리트 건축 기법과 자연과 조화를 이루는 건축 방법 등에 대해서 살펴 볼 수 있으며, 일본의 건축 문화가 일본의 공동체의 문화에 어떠한 영향을 주는지에 생각해 봄으로써 건축가가 가져야 하는 관점과 생각의 방향에 대해 확인해 볼 수 있습니다.

친환경건축물 인증심사원

건축물을 설계하고 시공하는 과정에서 사용하는 자재가 친환경 건축물 인증의 법적 기준에 맞는지 검토하고 심사하여 인증하는 사람입니다. 건축주가 친환경건축물로 인증을 받기 위해 인증 신청을 하게 되면 해당 건축물의 관련 서류와 유해물질 배출, 온실가스 배출 등에 대한 정보를 관련 부서와 기관에 요청하여 수집하여 검토하고, 현장에 실제 나가 건축물과 관련된 토지 이용, 교통, 에너지, 건축 재료, 환경 오염 등의 평가항목에 따라 점수를 부여합니다.

친환경건축물 인증심사원이 되기 위해서는 이 분야의 기술사 자격증과 박사학위로 3년 이상 업무 경력을 쌓거나 또는 이 분야의 석사 학위나 기사 자격증을 취득한 후 10년 내외의 업무 경력이 지니고 있어야 합니다. 주로 건축시공기술자, 건축사 등으로 경력을 쌓은 후 한국토지주택공사 토지주택연구원, 한국에너지기술연구원, 한국교육환경연구원, 크레비즈인증원 등 친환경건축인증기관으로 지정된 기관 등에서 토지이용 및 교통, 에너지 자원 관리, 생태 환경, 실내 환경 등의 분야에 대한 인증 관련 업무를 하게 됩니다.

건축가

고객의 의뢰를 받아 주택, 사무용 빌딩, 병원, 체육관 등의 건축물에 대한 건축계획과 설계를 하는 사람입니다. 건축가는 고객의 의뢰를 바탕으로 건축물이 세워질 장소와 건물의 용도, 경제성, 환경 등을 고려해서 기본적인 설계 방향과 디자인 등을 결정하여 기본적인 설계를 합니다. 설계를 바탕으로 건축물의 모습을 작은 모형으로 제작하여 고객에게 제시하고 조형미, 경제성, 건축 법규 등을 고려하여 고객의 의견을 반영하여 최종 공사 도면을 완성하게 됩니다.

건축가가 되기 위해서는 보통 대학교나 전문대학의 건축학과, 건축공학학과를 졸업하고 건설회사에서 실무 경험을 쌓게 됩니다. 관련 자격증으로는 건설재료시험기사, 건축기사, 건축품질시험기술사, 실내건축기사 등여러 종류가 있습니다. 건축가들은 국토해양부장관의 건축사 면허를 취득하여 건축설계를 하는 건축사무소에 취업하거나 자신의 건축사무소를 직접 창업하는 경우도 있습니다.

도시계획 및 설계가

도시를 계획하는데 필요한 토지의 활용, 물리적 시설을 관리하고 도시 및 그 주변 지역을 위한 관련 서비스에 대해 계획을 세우고 정책을 권고합니다. 도시의 구성과 밀접한 인구 통계, 경제, 법률, 사회문화, 자연환경 등의 요인에 대해 자료를 수집하고 분석하며 이를 바탕으로 토지 및 자연

시설에 대한 포괄적인 계획을 작성하거나 프로그램을 개발합니다. 그리고 이를 실천하기 위해 공공사업기관, 변호사, 토지개발자, 공공 및 특수이익 단체와 협의합니다. 도시 구성에 필요한 교통, 전기수도가스 시설, 지역시설, 공원 등에 대한 계획을 구상하여 권고하며, 야생동물 보존이나 국립공원 보호 등과 같은 환경 보호 계획을 준비합니다. 대학교에서 도시공학을 전공하는 것이 일반적이나 건축학, 조경학, 토목학 등을 전공하고 도시공학을 복수전공하거나 대학원에 진학하는 경우가 있습니다. 주로 도시계획 전공과 관련하여서는 도시계획, 도시발달사, 환경계획, 도시경제, 도시법규, 도시정책, 부동산학 등을 배우게 되며 중앙 및 지방자치단체, 건설회사, 컨설팅회사에 고용되거나 개인컨설턴트로서 일할 수도 있습니다.

조경 기술자

조경 기술자는 아파트, 공원, 주택, 골프장 등의 개발을 위한 조경을 설계하고 검토합니다. 조경을 설계하기 위해 고객과 협의한 내용을 바탕으로 조경을 위한 대지를 측정하고 지역적 특성과 기후, 용도를 고려하여 구체적인 조경 디자인을 개발합니다. 특히 조경을 구성요소인 나무, 조명, 산책로, 벤치, 분수, 울타리 등의 특성을 포함하여 조경 설계안을 작성하고, 이 안에 따라 조경이 잘 이루어지도록 준비하고 감독합니다. 조경 기술자가 되기 위해서는 대부분 전문대학 및 대학교에서 조경 관련 전공을 하고 자격증을 취득합니다. 또한 건축 회사, 조경컨설팅회사, 설계용역업체, 정부환경 및 개발 관련 부처에서 일하게 됩니다.

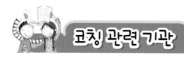

코칭 관련 기관

강릉 녹색도시 체험센터 e-zen https://greencity.gn.go.kr
국토교통부 녹색건축 포털 http://www.greentogether.go.kr
한국토지주택공사 그린리모델링창조센터 http://www.greenremodeling.or.kr

참고 도서

• 녹색직업이 만드는 세상 / 고용노동부, 한국고용정보원 / 진한엠앤비
• 녹색건축깊이읽기 / 박기범 / 기문당
• 행복한집짓기+ / 김홍만, 이홍식 / 휘즈북스
• 2014 신직업 육성 추진 계획 미래를 함께 할 새로운 직업 / 고용노동부, 한국고용
  정보원 / 진한엠앤비
• 창조산업 직업 전망 / 고용노동부, 한국고용정보원 / 진한엠앤비

MEMO

6장

동물매개심리상담사

동물매개심리상담사란

개, 고양이, 말, 새, 돌고래 등 도우미 동물들을 통한 동물 매개치료 프로그램을 계획하고, 활동의 수행을 감독하며 대상자의 변화를 평가하는 역할을 합니다.

01 어떤 직업일까

직업 관련 재미있는 이야기

당신과 어울리는 반려동물은?

질문을 읽고 자신과 맞으면 파란색 화살표를, 맞지 않으면 빨간색 화살표를 따라가다 보면 당신과 어울리는 반려동물을 찾을 수 있습니다. 자, 시작해 볼까요?

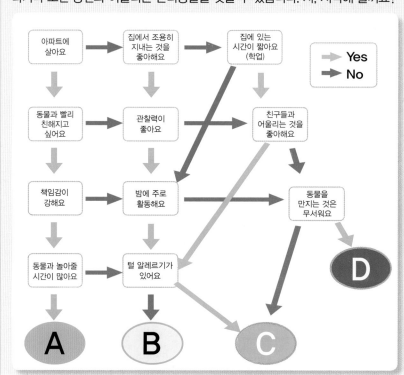

어떤 타입이 나왔나요? 아래 설명을 읽어보세요.

A	당신은 동물과 쉽게 친해지고 잘 놀아주는군요. 작은 강아지나 페렛(족제비과)이 잘 어울립니다. 앵무새를 길들이는 것도 좋을 듯합니다. 혹시 고양이를 키우고 싶다면 고양이의 독립성을 지켜주세요.
B	당신은 귀여운 야행성 동물이 좋겠군요. 고양이, 토끼, 햄스터, 기니피그가 좋겠어요. 카나리아나 앵무새와도 잘 지낼 수 있을 것 같네요.
C	먹이만 제대로 공급해주면 잘 지내는 동물들이 좋을 것 같아요. 물고기나 거북이, 곤충류 등이 좋겠어요. 특히 털 알레르기가 있으면 물고기나 이구아나와 같은 파충류, 고슴도치도 추천합니다.
D	동물들은 스스로 정리정돈을 못하기 때문에 밥을 주거나 잠자리를 정돈해주는 등의 노력을 해야 해요. 안타깝지만 당신은 반려동물을 키우기 어렵겠네요. 동물원이나 동물병원, 동물카페에서 눈으로만 즐기세요. 그래도 아쉽다면 동물도감을 보는 것도 좋은 방법입니다.

사진을 보고 연상되는 직업은 무엇일까요?

다음 사진 속 주인공들과 연관된 직업을 생각해보세요.

| 플로렌스 나이팅게일 | 지그문트 프로이드 | 치와와 윌리 |

〈출처: 구글 이미지 다운〉

　사진 속 주인공들의 직업은 간호사, 의사인데 갑자기 등장하는 강아지 때문에 당황했나요? 과연 세 주인공들 사이에는 어떤 직업적 관련성이 있을지 찬찬히 살펴볼게요. 첫 번째 사진 속 주인공은 '백의의 천사'라고 불리는 영국의 간호사 플로렌스 나이팅게일입니다. 나이팅게일은 동물들이 환자들의 좋은 동반자 역할을 한다고 추천하였고, 환자의 치료 촉진을 위하여 동물을 활용한 간호 활동을 적극적으로 진행해 동물매개치료의 효과를 실질적으로 발견한 사람입니다.

　두 번째 사진 속 주인공은 정신분석학 분야에서 저명한 오스트리아의 심리학자인 지그문트 프로이트 박사인데요. 차우차우 종인 그의 반려견 '조피'를 환자의 심리치료 세션에 즐겨 활용한 사례가 있어요.

　세 번째 사진 속의 강아지는 하반신이 마비된 채 뉴욕 거리에 버려졌다가 좋은 가정에 입양된 치와와 윌리입니다. 새로운 가족이 선물한 휠체어를 타고 즐겁게 돌아다니는 윌리의 모습은 많은 사람들에게 긍정적인 영향을 미쳤어요. 윌리는 치료견 교육을 받은 후 재활원, 교도소, 요양원을 돌아다니며 치료견으로 활동하기 시작했고, 사람들은 역경을 이겨낸 윌리의 행복한 미소를 보는 것만으로도 아픔을 이겨낼 힘을 얻었답니다.

이렇게 동물들이 병을 앓고 있는 사람들에게 위로와 힐링 뿐만 아니라 치유를 경험하는 기적을 일으키고 있어요. 이런 기적이 일어날 수 있도록 도움을 주는 직업, 바로 "동물매개심리상담사"입니다. 지금부터 동물매개심리상담사가 어떤 일을 하는지 알아볼까요?

동물매개심리상담사란?

인간과 동물은 언제부터 관계를 맺고 살아왔을까요? 구석기시대까지 거슬러 올라가야 한답니다. 집에서 기르는 가축으로서, 식용으로서의 동물, 서커스나 동물원 등의 놀이로서의 동물, 그리고 애완동물 등등 동물들은 인간과 다양한 관계를 맺고 살아 왔지요. 최근에는 사람과 상호 교감하고 인간과 '공존공생'하는 동물을 인간과 마찬가지로 우정이나 애정, 그리고 신뢰를 구축해가는 동반자로서 애완동물이 아니라 반려동물이라고 부른답니다. 특히 현대에 이르러서는 출산율도 낮고, 1인 가구가 많아지고 고령화가 진행되면서 동물을 곁에 두는 사람들이 많아져 반려동물의 역할도 다양해지고 있어요. 시각장애인을 위한 안내견, 마약탐지견, 인명구조견, 암탐지견 뿐만 아니라 반려동물과의 교감을 통한 치료 등 다양한 역할을 하고 있습니다.

오늘날 세계 각국에서는 인간과 동물의 관련성에 관한 다양한 연구가 진행되고 있어요. 동물이 인간에게 미치는 효과를 증명할 만한 연구도 많이 이루어지고 있습니다. 특히 동물이 아이들에게 미치는 효과로 "심리적 안정감, 자존감, 인내력, 책임감의 증가, 사회성 향상"뿐만 아니라 가족과의 대화를 증가시킨다는 다양한 연구결과가 보고되고 있어요. 이러한 인간과 동물과의 연구결과를 바탕으로 인간의 심리치료에 동물을 치료매개체로 활용하는 '동물매개 치료'가 주목을 받고 있어요.

동물매개심리상담사란 사람들을 위해 동물매개치료를 담당하는 전문가를 말합니다. 아픈 사람들의 심리적, 신체적, 사회적 기능을 회복할 수 있도록 개, 고양이, 말, 새, 돌고래 등 치료도우미동물을 활용하여 심리상담 프로그램을 계획하고 다양한 활동 수행, 감독하는 일을 합니다. 처음부터 대상자의 상태를 파악하고, 프로그램 중의 변화나 내담자의 치료 과정을 점검, 평가, 조정하면서 치료 효과가 나타날 수 있도록 돕는 일을 합니다. 특히 대상자의 특성에 적합한 동물을 선택해 분양해주며, 대상자와 보호자에게 동물을 관리하는 방법도 교육합니다. 동물매개심리상담사는 치료 활동을 도울 동물을 선별하고 관리하는 일도 합니다. 개, 고양이, 말, 새, 돌고래 등 다양한 동물의 성향과 건강 상태를 평가하고 선별된 동물이 치료 활동을 할 수 있게 훈련하며 테스트합니다.

특히 우울증이나 대인관계에 어려움을 느끼고 있는 사람, 장애인, 노인, ADHD 환자 등을 치료대상으로 내담자의 불안 감소, 자존감 향상, 우울감 감소 등의 심리적인 치료효과와 재활치료로 내담자의 운동기술 향상, 활동의 증가, 신체기능 향상 효과를 얻었어요. 현재는 다양한 종류의 동물들이 치매환자나 외상후 스트레스 장애(PTSD)로 고통받는 생존자와 유가족, 치매환자, 난독증, 발달장애, 게임중독, 은둔형 외톨이 등의 병을 앓고 있는 사람들에게 위로와 힐링뿐만 아니라 치유를 경험하는 기적을 일으키고 있지요.

최근에는 도시개발이나 정보화가 진행되어 자연이나 동물과 접촉할 기회를 잃어버린 사람들에게 마음의 안정을 주고자 하는 분위기가 고조되고 있습니다. 장애나 심리적 어려움을 겪는 내담자뿐만 아니라 일반인과 일반 학생들을 대상으로도 "승마체험이나 학교에 토끼나 돼지 등의 동물사육장을 만들고 동물들과 함께 할 수 있는 시간을 마련해 동물에 대한 친밀감을 길러주고, 동물과 정서적인 상호작용을 통해 인성을 함양할 수 있는 전문케어시스템을 제공하고 있어요.

훈련과정 및 자격

동물매개심리상담사는 사람과 동물에 대한 애정이 깊고, 이들의 심리나 행동을 이해해야 합니다. 말을 하지 못하는 동물이나 인간의 깊이 있는 이해를 위한 전문적인 지식을 갖추기 위한 공부가 필수적입니다.

관련 학과로는 대학교에서 동물관련 학과인 수의학과, 동물매개재활과, 애완동물과, 동물자원학과 등을 전공하고, 사회복지학, 심리학과, 특수교육학과, 교육학과 등을 전공하면 유리합니다.

동물매개치료가 교육과정에서 최초로 도입된 것은 2005년 청주농업고 등학교 동물자원과의 교육과정에서 '애완동물 사육'과목을 포함시켰고, 전문대학인 서정대학 애완동물과에서 '동물매개치료학'을 교과목으로 개설하여 첫 강의를 시작했습니다. 4년제 대학으로는 2007년 대구대학교 재활과학대학에서, 2008년도에는 사범대학에서 동물매개치료학이 교양강

좌로 개설되었습니다.

　동물매개치료 관련 학과는 2007년 부산여자대학에서 기존의 애완동물 관리과를 애완동물매개복지과로 변경하면서 신설됐으며 앞으로 많은 대학의 동물 관련 학과와 심리상담 관련 학과에서 '동물매개치료학'이 교과목으로 편성될 것으로 예상됩니다. 2008년에 원광대학교에서 동물매개치료학 전공분야가 대학원 석사과정으로 개설되었으며 일부 대학교에서도 추진하고 있는 것으로 알려져 있습니다.

　또한 한국동물매개치료협회 및 한국애완(반려)동물학회 HAB분과위원회, 동물매개치유센터, 여성일자리센터 등에서 관련 인력 양성프로그램을 운영하고 있으며 협회에서 인증하는 민간자격을 취득해 동물매개심리상담사로 활동할 수도 있습니다.

흥미와 적성

　인간과 동물, 심리에 대한 관심이 많아야 하고 사람들을 돕고자 하는 마음도 커야합니다. 동물과 사람을 모두 사랑하고 이해할 줄 아는 마음을 가져야 해요. 동물은 단순히 치료를 위한 매개나 도구가 아니라 생명을 가진 소중한 존재로 인식하고 보호하고 존중해야 합니다. 동물에 대한 이론적 지식과 기능을 겸비해야 합니다. 동물매개심리상담의 경우 동물도 심한 스트레스를 받을 수 있어요. 심리상담사가 예측하지 못하는 동물의 돌발행동이나 스트레스 상황에서 발생하는 문제, 사고의 위험이 있다는 것을 명심해야 합니다. 내담자의 안전은 물론 치료도우미 동물의 보호를 위해 많은 지식과 기술이 요구됩니다. 심리상담가로서의 인간에 대한 이해와 깊이 있는 신뢰감이 있어야합니다. 예를 들어 내담자가 어떤 행동을 했을 때 그것을 문제행동으로만 보는 것이 아니라 왜 그런 행동을 했는지 그 사람의 감정을 읽고 이해할 줄 아는 마음도 가져야겠지요. 기본적으로 타인에게 신뢰감을 주는 성향의 사람에게 적합합니다.

　상담 및 심리에 대한 기본적인 지식을 갖추고, 의뢰인과 나누는 대화 주제에 깊이 공감하거나 집중할 수 있어야 합니다. 의뢰인 이외에 보호자나 시설 관계자 등 다양한 사람을 만나야 하므로 능숙한 의사소통능력과 타인에 대한 배려심, 인내심이 요구되며 봉사정신도 갖추면 더 좋습니다. 또한 사람과 동물을 다루는 업무에 있어서 윤리의식과 원리원칙을 따라야 합니다.

동물매개심리상담사의 현재 모습

지금까지 알려진 우리나라의 동물매개활동 기관으로는 삽사리와 사람들, 우송정보대학 동물매개치료 동아리, 경기도 장애인 종합복지관(해피플레이), 원광대학교 퍼피 드림, 한국장애인 도우미견 협회, 사회복지법인 창파재단 영천 팰레스 치료도우미견 센터 등이 있습니다.

동물매개치료의 이론적 연구와 동물매개심리상담사 양성 그리고 프로그램을 실행하는 단체로는 한국 동물매개치료 협회와 한국애완(반려)동물학회, HAB(인간과 동물의 유대) 위원회, 그리고 한국 동물매개치료 복지협회, 창파 동물매개치료 연구 센터 등이 있습니다.

동물매개심리상담사 자격증을 취득하면 동물매개치유센터, 초중고, 특수학교 등의 교육기관, 복지관, 보육시설, 병원, 장애인 생활시설 등에서 일합니다.

현재 국내에는 약 5000여명의 자격증 소지자가 있으며 수입은 자격 등급에 따라 차이가 있으나 시간 당 6만원~30만원을 지급받는다고 합니다.

급변하는 현대사회에서 현대인이 느끼는 스트레스는 날로 높아지고, 인간의 정서를 매만져주는 치유분야의 가능성도 늘고 있습니다. 특히 최근학계 및 의료계에서는 동물을 활용한 각종 치유가 각광을 받고 있기 때문에 이 분야의 전문 인력 수요도 늘어날 것으로 보입니다.

대학에서도 관련학과가 생기고 있고, 전문적인 교육훈련기관이 생겨 활성화되고 있습니다. 그러나 우려의 목소리도 또한 높아지고 있습니다. 치료 동물들은 스트레스를 받기 때문에 장시간 활동을 할 수 없다는 문제가 제기되고 있고, 면역력이 약하거나 동물의 털 알레르기가 있는 내담자의 경우는 동물매개치료 활용이 어렵습니다. 또한 동물들로부터 감염될 수 있는 질병(인수공통전염병)의 문제나 동물의 경우는 병원에 출입이 안 되기 때문에 생길 수 있는 여러 가지 단점이 지적되고 있습니다.

이런 문제를 해결하기 위해 동물의 동물권이나 감염의 위험, 장소의 구애받지 않는다는 장점 때문에 애완동물형 치료로봇이 미국이나 일본에서 적극적으로 연구가 진행되고 있지요. 하지만 기술혁신으로 현재 상황을 보강한다고 하더라도 동물과의 교감과 소통, 상호작용에서 오는 장점이 부각되어 동물매개체심리상담사가 더욱 보강되고 발전되리라고 전망합니다.

03 진로독서 함께 해요

제1도서 진로독서 활동(초등용)

도서	동물과 대화하는 아이	도서정보	고정욱 글 / 내인생의 책(2013)

태어날 때부터 사람들과 눈도 마주치지 못하고 말도 하지 못했던 자폐성 장애를 가진 아이가 동물들과 만나면서 동물들의 마음을 읽기 시작하고 대화를 통해 장애를 이겨내고, 동물 그림 작가로 성장한 신수성화가의 이야기입니다.

발달이 조금 더딘 아이로만 알았던 신화가의 엄마는 유치원 선생님의 도움으로 소아정신과를 찾아가서 전문가의 정확한 진단을 받아 동물매개치료를 시작했어요. 문 닫는 것도 싫어하던 자폐성 장애아가 동물원에 가서 동물과의 눈맞춤을 시작하고 놀라운 일이 벌어집니다. 눈맞춤은 물론 동물과 대화하게 되고, 사람과의 관계도 좋아지고, 동물도감을 통해 글자를 익히게 되면서 책도 읽게 됩니다.

관찰력이 뛰어나고, 그림을 잘 그려 애니멀리어가 된 신수성 화가의 감동 스토리는 사람과는 할 수 없었던 교감을 동물과 나누며 동물들의 마음 읽기와 대화를 통해 스스로가 치유되는 과정을 보여줌으로써 동물매개심리상담의 효용성을 알려주는 책입니다.

3단계별 이야기식 진로독서 활동

가. 배경지식으로 찾아보기

동물을 좋아하나요? 좋아하는 동물을 말해보세요.

동물을 키워본 경험이 있나요? 키우지 않았더라도 동물과 눈맞춤을 하고 이야기를 나눠본 적이 있나요? 그때 기분이 어땠나요?

나. 책 속에서 진로 찾기

신수성 화가는 어릴 적 어떤 아이였나요?

어린 수성이가 동물원에 가서 동물을 만나면서 어떻게 변했나요?

다. 책 밖에서 진로 찾기

반려동물을 키우면 어떤 좋은 점과 어려운 점이 있는지 말해보세요.

말을 하지 못하는 동물과 소통하기 위해 무엇이 필요할까요?

토론 논제 : 아픈 사람들에게 위험할 수 있기 때문에 동물을 치료매개체로 이용하지 말아야한다.

동물과의 교감을 통해서 많은 아픈 사람들이 좋은 치료효과를 보고하고 있지만 치료도우미 동물의 위험 요소에 대한 우려의 목소리도 있습니다. 예를 들어 스트레스를 받은 동물들의 이상 행동을 하거나 동물의 상해, 알레르기 및 인수공통전염병의 감염될 위험에 노출될 수 있기 때문입니다.

〈아픈 사람들에게 위험할 수 있기 때문에 동물을 치료매개체로 이용하지 말아야한다.〉를 주제로 찬성측과 반대측으로 입장을 정해 토론해 봅시다. 이 토론을 통해서 대안으로서 제시되고 있는 애완동물형 치료 로봇의 활용 등에 대해서도 생각해봅시다.

도서	검은 말 뷰티	도서정보	애너 슈얼 / 김옥수역 / 웅진주니어 (원작: Black Beauty)

어릴 때부터 뼈와 근육에 이상으로 혼자 걷기 힘들었던 작가 애너슈얼은 평생 자신의 발이 되어 준 고마운 말에 대한 깊은 사랑으로 〈검은말 뷰티〉를 썼어요. 윤기가 흐르는 부드러운 검은 털과 이마에 하얀 별이 박힌 주인공 검은 말 뷰티는 일생 동안 다양한 사람들과 만나서 여러 가지 경험을 합니다. 〈검은말 뷰티〉는 말의 일생을 통해 우리에게 사람들이 말이나 동물들을 어떻게 생각하고 대해왔는지 그 태도에 대해 생각하게 합니다. 이 책이 나온 이후 말에게 유행처럼 채우던 "멈춤 고삐"가 없어졌고, 동물의 복지를 생각하는 불씨를 당겼습니다. 이 책은 사람들이 진심으로 동물에 대해 이해하게 만들었습니다. 인간이 아니라 동물의 관점에서 동물들의 마음을 잘 전달하고 있습니다. 이것은 작가가 말의 생태와 당시 농촌과 도시에서 일하는 말들의 여러 가지 환경을 누구보다 잘 알고, 말에 대한 고마움과 애정이 많았던 작가의 따뜻한 마음 때문이라고 생각합니다. 말을 하지 못하는 동물들의 마음이나 상태를 잘 읽어 내는 것과 동물을 사랑하고 존중하는 태도가 동물매개심리상담사의 중요한 자질이라는 점을 생각해 보며 이 책을 읽어 봅시다.

3단계별 이야기식 진로독서 활동

가. 배경지식으로 찾아보기

동물이 나오는 동화 중 재미있게 읽은 이야기가 있다면 무엇인가요?

반려동물을 아끼고 사랑한다고 마주 보고 뽀뽀나 포옹을 하지만 개는 앞발을 들고 달려드는 모습을 보고 공격한다고 생각할 수 있다고 합니다. 동물의 몸짓 중에서 어떤 메시지인지 알고 있는 것이 있다면 알려주세요.

나. 책 속에서 진로 찾기

이 책에 나오는 사람들 중에서 말을 사랑하는 사람과 말을 학대하는 사람의 행동을 알아보고 각 행동을 하게 된 이유를 비교해 보세요.

인간에게 학대받아 공격적인 성격을 가진 진저도 자신을 아껴주는 주인을 만나 다정한 손길에 순해지고 명랑한 모습을 보이기도 합니다. 진저처럼 마음의 상처나 학대로 인해 힘들어하는 사람을 위해 도와줄 수 있는 방법을 말해보세요.

192

검은 말 뷰티는 친절하고 자상한 사람도 만나지만 채찍으로 때리고 무참히 혹사시켜 죽음의 위기에 내모는 사람도 만납니다. 힘든 상황에서 검은 말 뷰티는 어떻게 했는지 이야기해보고 나는 어려운 상황에서 어떻게 행동하는지 말해 보세요.

이 작품을 통해서 영국에서는 그 당시 유행했던 '멈춤 고삐'가 없어졌다고 전합니다. 말을 사랑하는 작가의 진심이 통했던 것이지요. 여러분도 동물 학대나 유기 동물로 고통 받고 있는 동물을 위해 우리들이 실천할 수 있는 일에는 어떤 것이 있을지 생각을 나누고 이야기해보세요.

작가 애너 슈얼과 작품 속에 등장하는 동물을 사랑하는 사람들의 태도, 행동을 떠올려 보고, 동물매개심리상담사의 가장 중요한 자질이 무엇인지 이야기해 보세요.

찬반형 진로독서 활동

토론 논제 : 내담자를 위한 치료활동은 반려동물에게도 도움을 준다.

인간의 심신이나 기분에 동물이 얼마나 도움이 되는지 잘 알고 있습니다. 안정감과 책임감, 고통이나 괴로움 등을 경감시켜줍니다. 동물매개치료를 실시할 때 가능하면 동물에게 스트레스를 주지 않은 프로그램 개발이 중요하지만 과연 동물의 입장에서도 무슨 도움이 될까요? "애완동물의 질병은 유전자나 세균, 면역의 문제로 야기되는 질병과 감정이나 정신적인 문제가 원인으로 야기되는 질병의 비율이 거의 같다"고 합니다. 스트레스는 동물의 건강을 해칩니다. 또한 동물도 인간과 마찬가지로 한 가지 일을 오래하게 되면 질리게 된다고 말합니다. 물론 동물입장에서 자신이 좋아하는 사람을 만나지 못하게 하는 것도 동물들에게는 스트레스로 작용한다고 합니다. 하지만 동물들에게 스트레스지표가 되는 행동파악은 사실 어렵습니다.

그렇다면 "내담자를 위한 치료활동은 반려동물에게도 도움이 된다."를 주제로 찬성측과 반대측으로 나누어 이야기를 해 봅시다. 이 토론을 통해 '동물매개상담치료'시 제시되고 있는 동물의 권리를 어떻게 볼 것인지, 동물들의 상태를 알 수 있는 기준을 어떻게 잡을 것인지 등 다양한 관점에서 이야기를 해 볼 수 있기를 바랍니다.

사월의 따스한 봄날, 일본 도쿄에서 특별한 추모제가 열렸다. 300여명의 추모객들은 고개를 숙인 채 '고인'이 베푼 사랑에 경의를 표했다. 가끔 눈시울을 적시는 이도 있었다. 유감스럽게도 이날 추모 대상은 사람이 아니었다. 한 달 전 암으로 세상을 떠난 치료견 '치로리'였다.

치로리는 수많은 환자들에게 기적을 선물했다. 방에 갇혀 지내던 외톨이 소년을 세상으로 내보내고, 침대에만 누워 지내던 아흔의 할아버지를 걷게 만들었다. 전신마비 환자가 치로리를 쓰다듬으려고 손을 꼼지락거리는 일까지 일어났다. 일본 열도를 감동으로 적신 치로리의 비밀병기는 미소와 공감이었다. 치로리는 깊은 눈으로 상대와 눈을 맞춘다. 그러고는 실눈을 뜬 채 입꼬리를 추켜올리는 미소 작전을 편다.

치로리의 삶은 훗날 책과 영화로 만들어졌지만 그의 과거는 고통과 학대로 얼룩졌다. 1992년 비 오는 날, 그는 새끼 강아지들과 함께 쓰레기장에 버려졌다. 어미 잡종견인 그의 몰골은 애완견과는 거리가 멀었다. 한쪽 귀는 서고 한쪽 귀는 접히는 짝귀에다 볼품없는 '숏 다리' 신세였다. 사람에게 학대를 받아 한쪽 다리를 절고 몽둥이만 보면 덜덜 떨었다. 안락사 직전에 구조된 그는 새 주인의 극진한 보살핌 덕택에 치료견으로 제2의 삶을 시작할 수 있었다.

치와와 '윌리'는 미국판 치로리로 통한다. 하반신이 마비된 채로 뉴욕 거리에 버려졌다. 그를 사지에서 구출한 새 주인은 작은 휠체어를 만들어주고 재활치료를 시작했다. 해맑은 웃음을 되찾은 윌리는 요즘 재활원과 요양원 등지를 다니며 많은 사람들에게 웃음을 선사하고 있다.

서울시가 어제 반려견을 활용한 자원봉사자 모집에 나섰다고 한다. 반려견을 가진 시민들에게 간단한 치료교육을 한 뒤 치로리와 윌리처럼 환자의 치료를 도와주는 봉사활동을 하도록 만들겠다는 것이다. 이런 방식의 치유 활동은 국내에선 아직 생소하지만 해외에서는 이미 일반화된 상태다. 미국에선 9·11 테러 이후 동물과의 정서적 교감을 통해 희생자 유가족들을 치유하는 봉사활동이 펼쳐졌다고 한다.

인간에게 학대받은 개가 인간에게 희망을 돌려주는 모습은 씁쓸하기 짝이 없다. 미국의 방송작가 앤드루 루니는 "평균적인 개는 평균적인 사람보다 훨씬 품성이 좋다"고 했다. 인간의 품성을 다시 돌아보게 된다.

〈출처: 세계일보 배연국 논설위원〉

치료견 치로리가 죽었을 때 일본 사람들이 추모제를 열었던 이유를 말해 보세요.

치로리와 같은 역할을 했던 다른 동물들을 조사해 보세요.

치로리처럼 유기되거나 학대받은 동물을 치료 동물로 교육하는 것에 대해 어떻게 생각하나요?

동물매개심리상담사 김수미씨에 대한 인터뷰 내용입니다.

인터뷰: 동물매개심리상담사 김수미씨

Q. 이 분야에서 일을 하게 된 특별한 동기가 있으신가요?

A. 어릴 때부터 동물을 좋아했어요. 고등학교 때 동물치료 다큐멘터리
를 보고 난 후부터 이 분야에 관심을 가지게 되었어요. 동물과 사람
들을 워낙 좋아하다보니 대학교 진학도 특수동물학과에 진학하고 사
회복지학을 복수전공하면서 이 일을 시작하게 되었어요. 제가 처음
시작할 때만해도 생소한 분야였지만 지금은 연구자들의 논문을 통해
동물매개치료의 효과가 입증되면서 동물매개치료에 대한 인식도 많
이 좋아져서 좋습니다.

Q. 일반 상담과 비교해 동물매개치료의 매력은 어떤 점일까요?

A. 상담의 경우는 내담자와의 라포형성(친밀감 형성)이 중요하거든요.
낯가림이 심하거나 방어기제를 사용하는 사람들의 경우는 상담을 시
작하기 위한 내담자와 상담자간의 친밀감과 신뢰감 형성에 많은 시
간이 필요해요. 그런데 동물매개심리상담의 경우는 귀여운 동물을
매개로 하기 때문에 일반상담보다 빠르게 신뢰관계를 형성하죠.

　저 같은 경우는 제가 직접 키우는 반려견 세 마리 함께 동물매개심
리상담을 진행하면서 보람도 느끼고 만족합니다. 특히 내담자들이
동물들과 함께하는 프로그램에 능동적이고 즐겁게 참여할 수 있다는
점이 매력이지요.

Q. 일을 하며 힘든 점도 많으셨을 것 같은데요, 동물매개치료의 어려운
점은 무엇일까요?

음...어려운 점이라면 동물을 무서워하거나 어려워하는 친구나 동물을 좋아하지만 면력이 약하거나 알레르기 등이 있어서 동물과의 교류가 힘든 사람들도 있거든요. 본인이 동물 알레르기가 있는지도 모르는 사람들도 있으니까요. 그리고 아주 가끔은 동물이 스트레스 받는 상황이 있기도 하거든요. 아이들이 좋아하는 표현을 과격하게 한다거나 동물들도 돌발적인 행동을 하니까 그런 점이 어렵지만 설명하고 이해시키면 달라지니까요. 우울증과 자살 충동, 공격적인 성향의 어르신이 처음 강아지들의 근처에 오는 것도 싫어하셨는데 상담 중반기가 넘어가면서 마음의 문을 열고 웃음을 되찾기 시작하셨는데, 상담이 끝날 때 '내가 이렇게 웃을 수 있는 사람인지 몰랐다, 고맙다'라는 쪽지를 건네주시더라고요. 그럴 때 뿌듯하지요.

Q. (동물매개치료는) 심리치료 대상자 중 어떤 경우에 더 효과적인가요?

A. 동물매개치료는 관절염처럼 신체 기능 장애가 있거나 자폐증 같은 발달장애, 정신장애가 있는 사람 등에게 좀 더 긍정적인 효과를 기대할 수 있어요. 예를 들어 발달장애 환자나 뇌성마비 장애인에게는 치료도우미견의 목줄을 끌게 하거나 과자를 주게 하고, 쓰다듬게 하여 소근육과 대근육의 재활에 도움을 줄 수가 있지요.

그리고 사람과의 상호작용이 잘 안 되는 유사자폐나 자폐증 내담자에게는 동물을 만지고 보듬어 친밀감을 느끼고 감정을 표현하거나 동물매개심리상담사와 치료도우미 동물의 활동을 모방하도록 하여 자폐증의 특징인 상동증(어떤 특정한 행위를 장시간에 걸쳐서 반복 지속하는 증세)을 완화시킬 수 있어요. 또 치매 노인에게는 동물의 이름을 반복해서 부르게 해서 기억력 향상에 도움을 주기도 하지요.

Q. 이 직업의 채용방법을 구체적으로 설명해 주십시오.

A. 동물매개심리상담사가 국내에 들어온 지가 오래되지 않았습니다. 학교나 협회에서 자격증을 취득하고 난 후에는 기관이나 사설 상담센터, 병원, 장애인복지관, 협회, 학교 등에서 구인공고가 나오면 이력서를 제출하거나 개인적으로 상담을 의뢰하는 경우도 있어서 동

료나 선배, 교수님의 추천을 통해서 활동하고 있습니다.

Q. 이 직업에서 필요로 하는 적성이나 흥미에는 어떤 것들이 있을까요?

A. 상담이 기본이기 때문에 내담자의 이야기를 잘 듣고 공감해주는 것
이 가장 중요합니다. 내담자를 잘 이해해 주어야 하기 때문에 이해심
이나 배려하는 마음을 가진 사람, 격려해주고 지지해주는 마음가짐
이 필요하겠지요. 그리고 동물을 사랑하고 존중해야 합니다.

Q. 이 직업에 종사하기 위해 필요한 능력이나 자질에는 어떤 것이 있을
까요?

A. 기본적으로 동물과 인간을 사랑하고 배려심이 필요하고, 동물에 대
한 지식뿐만 아니라 사람의 발달이나 병에 대한 지식도 있어야 합니
다. 문제 상황에 놓일 때 적절하게 대처할 수 있는 순발력도 있어야
하고요, 동물이나 내담자의 몸짓이나 표정, 행동에 민감해야 합니
다. 의사표현을 정확하게 못하는 경우도 있기 때문에 관찰을 잘 해야
합니다. 그리고 긍정적인 마음과 언제나 웃는 미소가 필요하겠지요.

Q. 이 직업에 종사하는 데 어떤 공부가 필요합니까?

A. 동물관련학과인 수의학과, 동물매개재활과, 애완동물과, 동물자원
학과 등과 특수교육, 심리학과, 아동학과, 교육학과, 심리학과 등도
있습니다. 국내에서는 대학원에 동물매개심리학이라는 학과도 개설
되어 있고, 미국이나 일본, 영국 등 외국 유학도 가능합니다.

　아직까지 우리나라보다는 외국의 연구 자료나 사례들이 많이 있기
때문에 전공책을 보거나 훈련동영상을 보게 되는 경우가 많아서 영
어나 일본어 등 외국어를 열심히 하는 것도 필요합니다.

Q. 이 직업의 보수는 어떤가요?

A. 동물매개심리상담사는 단체나 센터에 소속되어 있다고 하더라도 프
리랜서 개념입니다. 물론 월급으로 받는 분들도 있어서 본인의 능력

에 따라서, 계약조건에 따라, 시간당 2만 5천원부터 30만 원을 받는 사람까지 너무나 다양합니다. 경력이 쌓이면 더 많은 보수를 받을 수 있지요.

Q. 이 직업의 10년 후 전망은 어떻다고 보십니까?

A. 앞으로 핵가족화, 1인 가정이나 노령화 사회로 독거노인도 많아지고 있고, 치매환자나 정서적으로 문제를 겪고 있는 사람들이 많이 있기 때문에 약이나 다른 치료보다 동물매개심리상담사의 전문성이 필요하다고 생각합니다. 물론 치료도우미 동물의 스트레스로 인한 동물 권리문제라든가, 알레르기, 전염병, 병동에 있는 환자나 동물공포가 있다거나 내담자의 상황 때문에 치료도우미 동물 대신에 치료로봇이 대체한다는 전망을 하고 있습니다. 그렇다 하더라도 살아있는 동물과의 교감을 통해서 느끼는 안정감이나 행복감은 정말 다르다고 생각합니다. 그리고 앞으로는 치료가 아니라 예방 차원에서의 일반인을 대상으로 하는 동물매개프로그램이 개발되고 있기 때문에 미래는 밝다고 생각합니다.

Q. 미래의 동물매개치료사에게 당부하고 싶은 말씀이 있나요?

A. 아무래도 말 못하는 동물과 아픈 사람들을 연결시켜주는 역할을 하다 보니 사람과 동물을 모두 사랑하고 이해하는 마음을 가져야겠죠. 그러기 위해서는 동물에 대한 사랑만 있으면 안 되고 동물에 대한 전반적인 지식이나 특정행동에 대한 전문적인 지식을 쌓아야 해요. 그리고 동물을 단순히 치료를 위한 매개나 도구가 아니라 한 사람의 인생을 바꿀 수 있는 소중한 존재라는 인식이 있어야 해요. 또 사람들에 대해서도 그의 문제행동 이면에 어떤 감정이나 상태인지를 이해할 수 있는 마음도 가져야 합니다.

동물들과 함께 사람들을 만나면서 제 자신도 항상 치유받고 긍정적인 삶을 살게 됩니다. 많은 사람들이 다른 생명체에게 조건없는 사랑을 받고 차별없이 대하는 마음을 느꼈으면 합니다. 앞으로도 더욱 많은 사람들의 마음을 어루만지고 안아주고 싶어요.

(사전 적합도 평가)

📢 다음 물음에 따라가며 자신의 적성을 파악해 보세요.

1. 아래 내용을 읽고 자신의 성격 특성과 가깝다고 생각하는 것에 ○표 하세요.

무엇이나 세심하게 잘 관찰하는 성격이다.	동물을 좋아한다.	탐구심이 많은 편이다.	다른 사람이나 동물을 돌보는 일을 잘한다.
다양한 감정을 이해한다.	사람들의 행동이나 감정의 변화에 민감하다.	다른 사람의 말을 잘 들어주는 편이다.	인내심이 많아 잘 기다려준다.
동물들의 관한 공부를 좋아한다.	모든 행동에는 이유가 있다고 생각한다.	다른 사람의 마음을 잘 이해한다.	어려운 문제를 해결하려고 한다.

2. ○표의 개수를 통해 자신의 직업 적합도를 파악해보세요.

총점	적합도	목표 직업으로 삼을 경우 고려할 점
9~12	적성도 A	직업 적합도가 매우 높습니다. 이 직업을 목표로 삼고 필요한 능력을 꾸준히 개발하도록 합니다.
5~8	적성도 B	직업 적합도가 높습니다. 적합도 점수가 낮은 부분을 중심으로 보완하도록 합니다.
0~4	적성도 C	직업 적합도가 보통입니다. 꾸준히 관심을 가지고 직업에 대해 알아보도록 합니다.

※ 직업 적합도 평가는 주간적인 체크리스트이므로 참고 자료이지 절대적인 것이 아닙니다. 직업이 갖는 목적과 의미를 생각하며 원하는 마음이 생겼다면 관련 역량을 기르기 위해 꾸준히 노력하는 것이 더 중요하겠지요.

너의 마음이 궁금해 / 박민철 / 예담 / 2012

반려자와 반려동물 사이의 대화를 도와주면서 오해와 갈등을 풀어주는 저자가 신체구조도 뇌구조도 다르고 기본적인 습성도 다른 반려동물과 서로 마음이 통하는 사랑을 나눌 수 있도록 이끌어주는 책입니다. 특히 그동안 저자가 경험한 상담사례들을 예로 들어 우리가 잘못 알고 있는 동물의 속마음에 어떤 것들이 있는지, 쉽게 시도할 수 있는 교감법은 무엇인지 자세하게 알려줍니다. 반려동물 앞에서 신세한탄을 하거나, 걱정스러운 이야기를 자주 하면 동물들은 반려자 이상으로 걱정하기 시작한다는 것, 동물들이 목욕을 즐길 수 있도록 도와주는 방법, 맞벌이부부를 위한 동물 식사 학습법, 유기 동물 구조 방법 등을 알려주고 동물매개심리상담사가 되고 싶은 이들을 위한 지침을 소개합니다.

더불어 반려의 진정한 의미와 동물을 키우고 있지 않더라도 동물과 지구에 대해 지켜야 할 예의 등에 대해 생각해볼 수 있는 의미있는 책입니다.

고마워 치로리 / 오키토오루 / 책공장더불어 / 2007

한쪽 귀는 서고, 한쪽 귀는 접힌 짝귀, 볼품없이 짧은 다리는 인간에게 학대 받아 장애까지 얻은 잡종개 치로리는 동물보호센터로 보내져 안락사 직전에 오키 토오루씨에 의해 구조됩니다.

토오루씨의 도움으로 치로리는 그전까지 순종견만을 상대로 치료견 훈련을 시켰던 관행을 깨고 잡종개 최초로 치료견에 도전, 치료견이 된 후에도 치로리는 수많은 환자들에게 기적을 일으킵니다. 말을 잃은 노인에게 말을 찾아주고, 전신마비 환자를 움직이게 한 웃는 개 치로리는 깊은 눈으로 환자들과의 아이콘택트에서 탁월한 능력을 발휘합니다. 치료견 훈련을 받고 13년간 치료견 활동을 하며 수많은 환자들에게 기적을 일으킵니다. 치료견의 삶을 통해서 동물매개심리상담사로서 편견없이 동물을 대하는 자세를 배울 수 있습니다.

동물행동상담사는 동물행동상담을 수행할 수 있는 자격증을 취득한 사람으로 사람과 반려동물과의 상호작용을 이해하고 반려동물의 행동상담을 통해 동물보호자 가족과 반려동물의 올바른 관계성을 맺도록 도와주는 일을 합니다. 인간과 반려동물의 삶의 질을 개선하는데 도움을 주며 나아가 동물복지와 동물매개치료의 활동역할을 담당합니다. 동물행동학과 애견훈련학, 애견학, 반려(애완)동물행동학, 동물간호학, 동물복지학 등을 배웁니다.

안내견 훈련사는 시각장애인을 돕는 안내견을 훈련합니다. 안내견이 앞을 보지 못하는 시각장애인에게 길을 안내하거나 위험을 미리 알려주어 시각장애인들을 보호할 수 있도록 다양한 기술을 가르칩니다.

안내견 훈련사는 시각장애인을 돕는 일이라 보람도 크고 의미 있는 직업이지만 말을 못하는 개를 훈련시키는 일 인 만큼 힘든 점도 많이 있습니다. 계획한 대로 훈련이 잘 진행되지 않으면 스트레스를 많이 받고, 개가 아프거나 문제가 생겼을 때는 휴일에도 쉴 수가 없습니다. 안내견 훈련사에게 가장 필요한 자질은 개를 가족처럼 아끼고 사랑하는 마음입니다. 또한 안내견 훈련과정은 보통 오랜 시간이 걸리기 때문에 끈기와 노력이 필요하고, 안내견 훈련에 대한 전문 지식을 얻기 위해 외국으로 출장을 가거나 외국책을 보는 일이 많기 때문에 외국어 공부를 열심히 해야 합니다.

실버케어 로봇공학자

고령 인구의 일상생활을 돕는 생활 지원 제품과 서비스, 건강관리 기기, 가사를 돕는 스마트홈 시설, 그리고 실버케어 로봇 등이 주목받게 될 것입니다. 그중 실버케어 로봇의 경우 단순히 생활을 돕는 제품을 뛰어 넘어 어르신들의 친구가 될 수 있는 '감성 로봇'으로 많은 수요가 있을 것으로 예상됩니다.

실버케어 로봇은 대화를 통해 사교활동을 할 수 있도록 도와주고, 응급 상황이 발생했을 때 신고해주며, 건강관리를 위해 약을 챙겨주는 등 다양한 역할을 합니다. 이러한 실버케어 로봇을 만들기 위해서는 공학자뿐 아니라 노인복지전문가, 의사, 간호사 등 실버 분야 전문가들이 협업해야 하고, 무엇보다 사람을 위한 것이니 사람에 대해 연구하는 것이 필요합니다. 따라서 전통적으로 로봇과 밀접한 관련이 있는 학과는 기계공학, 전기공학, 전자공학, 컴퓨터공학 등이지만 실버케어로봇공학자가 되기 위해서는 로봇 하드웨어 · 서비스 디자인 전문가, 실버 분야 전문가(노인복지전문가, 의사, 간호사) 등 여러 분야에 대한 지식이 필요합니다.

동물매개심리상담 관련 기관

- 동물매개치료연맹 : www.kfaat.org
- 한국동물매개치료협회
- 한국애완(반려)동물학회,
- HAB분과위원회
- 동물매개치유센터

참고 자료

- 동물매개치료 / 안제국 외 / 학지사
- 동물매개치료의 기법과 적용 / 김옥진 외 / 형설아카데미
- 세계미래보고서 2030-2050 / 교보문고
- 세계미래보고서 2055 / 제롬글렌 / 비즈니스북스
- 애니멀커뮤니케이션 / 아멜리아 킨케이드 / 박미영 / 루비박스
- ⟨EBS 스페셜 프로젝트: 감동수업, HUG⟩ 방송일시 2014년 11월 20일~12월 11일 매주 목요일 밤 9시 50분

MEMO

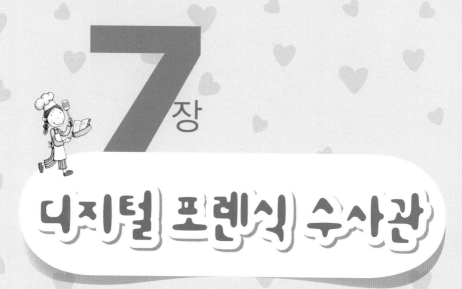

7장

디지털 포렌식 수사관

디지털 포렌식 수사관은

사회가 변화하면서 갈수록 진화하고 있는 지능 범죄에
대비해 디지털 증거까지 수사의 대상으로 확보하고
디지털 증거를 찾아내 분석하는 전문가를 말합니다.
과학적이고 전문적인 기술을 활용하여 컴퓨터나 디지털
저장장치 등에 저장되어 있는 정보를 수집, 분석해 증거
역할을 할 수 있도록 지원하는 일을 합니다.

01 어떤 직업일까

 직업 관련 재미있는 이야기

갈수록 진화하는 지능 범죄, 어떻게 해결해야 할까요?

〈출처: Jtbc방송 뉴스, OBS방송 뉴스〉

위의 사진들을 보고 무엇을 떠올렸나요? 범죄수사 드라마나 영화를 좋아하는 친구들은 익숙한 장면들이 생각날 것 같네요. 범죄수사 드라마를 많이 접하지 않은 친구들도 요즘 뉴스에서 사건을 수사하거나 어떤 상황에 대한 조사를 할 때 컴퓨터나 태블릿 PC, 휴대폰, 자동차의 블랙박스 등의 자료를 분석하여 사건의 증거를 수집하고 단서를 발견했다는 이야기를 쉽게 들을 수 있을 거예요. 과학수사를 주제로 하는 TV드라마에서 자주 볼 수 있는 혈흔이나 지문 등 사건의 실마리를 푸는 단서를 과학적 증거에서 찾아내는 것 뿐 아니라 디지털 자료를 분석해 증거를 찾아내는 수사 기법도 과학수사의 한 종류라고 할 수 있습니다.

"디지털 범죄 뿌리뽑자" 서울시 지자체 최초 '과학수사시스템' 도입

서울시가 전국 지방자치단체 최초로 과학수사시스템을 전면 도입한다. 스마트폰 등을 통해 갈수록 지능화 되고 있는 변종 범죄를 뿌리 뽑겠다는 취지에서다. 서울시 민생사법경찰단은 22일 '디지털 포렌식 센터' 개소식을 갖고 과학수사 업무를 본격 시행한다고 이날 밝혔다. 디지털 포렌식은 PC나 모바일 등 디지털기기에 저장된 각종 자료를 수집·복구·분석해 법원에 제출할 증거를 확보하는 과학적 수사기법을 일컫는다. 그동안 컴퓨터 등에 저장한 디지털 자료에 대해서는 법원에서 증거능력을 인정받기 어려웠다. 그러나 지난해 5월 '형사소송법'이 개정되면서 과학적 분석결과에 기초한 디지털 포렌식 자료·감정 등이 증거력을 인정받게 됐다. 이번에 개소한 서울시 '디지털 포렌식 센터'는 디지털 데이터 분석 서버, 포렌식 소프트웨어, 디스크 복제기 등으로 구성된 분석실과 피 압수자의 참여권 보장을 위한 참관실로 구성돼 있다. 대검찰청에서 주관하고 있는 디지털 포렌식 수사관 양성 전문교육을 이수한 수사관 2명이 디지털 증거자료의 압수·수색·복구·분석을 적법한 절차에 따라 수행하게 된다. 강필영 서울시 민생사법경찰단장은 "경제 취약계층을 대상으로 한 불법 대부업, 다단계 범죄에서 불법채권추심이나 수당지급 내역 등 결정적인 증거 확보에 디지털 포렌식 수사기법이 활용될 것"이라며 "이후 다른 부서나 자치구 특사경 수사업무를 지원하는 등 디지털 포렌식 수사영역을 확대하겠다."고 말했다.

〈출처 : 서울경제 2017년 8월 22일 기사문〉

최근 컴퓨터, 스마트 폰 등 인터넷의 활용도가 높아지면서 범죄의 배경도 디지털 환경으로 바뀌어 가고 있습니다. 예전에는 범죄 수사 시 서류나 문서를 압수, 수색하거나 증거를 찾기 위해 범죄 현장을 조사하고 주변을 탐문 수사했으나 이제는 컴퓨터 이메일 접속 기록, 인터넷 데이터, USB와 같은 디지털 저장소에 담긴 자료와 기록도 수사 대상이 되었습니다. 사회가 변화하면서 갈수록 진화되고 있는 지능 범죄에 대비해 범죄수사도 과학수사시스템으로 발전해 가고 있으며 디지털 증거까지 수사의 대상으로 확보하게 되면서 사건해결이 한 단계 더 진보하게 된 거죠. 이런 디지털 증거를 찾아내 분석하는 전문가를 디지털 포렌식(Digital Forensic) 수사관이라고 합니다. 자, 이제 디지털 포렌식(Digital Forensic) 수사관에 대해 좀 더 자세히 알아볼까요?

 ## 디지털 포렌식 수사관이란?

포렌식(forensic)은 원래 범죄의 증거를 확정하기 위한 과학적 수사를 뜻합니다. 우리가 드라마나 영화 등을 통해 익숙하게 알고 있는 과학수사가 바로 포렌식 수사인 것이죠. 그중에서도 디지털 포렌식이란 PC, 노트북, 스마트폰 등 디지털 정보를 분석하여 범죄 단서를 찾는 수사기법을 말합니다. 통화기록이나 이메일 접속기록 등의 정보를 수집하여 분석하기도 하고 범행을 숨기기 위해 삭제한 자료를 복원하기도 합니다. 범죄 사실을 지우려고 디지털 자료를 모두 삭제해도 이제는 꼼짝없이 탄로 날 수밖에 없게 되었습니다. 즉, 디지털 포렌식이란 컴퓨터나 디지털 저장장치 등에 저장되어 있는 전자정보, 네트워크상에서 전송되고 있는 전자정보 중 증거로서 가치가 있는 정보를 수집·분석해 증거 역할을 수행할 수 있도록 지원하는 모든 절차를 의미합니다.

이렇게 과학적인 수사를 하는 디지털 포렌식 수사관은 범죄와 관련된 증거를 수집, 복구하는 일을 합니다. 컴퓨터 메모리, 하드디스크, USB 메모리 등 저장 매체에 남아 있는 데이터를 원본 그대로 수집 합니다. 자료가 삭제되거나 다른 형태의 파일로 위장되었을 가능성도 있으므로 삭제된 자료를 복구하고 변형된 자료를 해독할 수 있도록 과학적이고 전문적인 기술을 활용합니다.

또한 디지털 포렌식 수사관은 수집, 복구한 증거들이 범죄를 증명할 수 있는 것인지 추리하고 분석하여 자료가 피의자의 것이 맞는지 입증하는 일을 합니다. 그 자료가 혐의사실 입증에 어떤 증거능력을 가지는지 법정에서 명확하게 제시해야 합니다. 확보한 자료는 디지털 포렌식 수사관의 면밀한 분석을 통해 법정에서 효력을 발휘하는 증거로 재탄생하게 되는 것이지요.

그리고 디지털 포렌식 수사관은 분석한 자료가 정해진 절차에 따라 잘 이루어졌는지 검증하고 증거로 제출하는 일을 합니다. 분석한 자료가 법정 증거로 채택되기 위해서는 증거자료의 신뢰성을 확보하는 과정이 필요합니다. 법률적으로 정해진 디지털 포렌식 절차에 따른 증거 수집 및 분석이었는지 검토한 뒤 법정에서 신뢰성 있는 자료로 활용될 수 있도록 합니다.

현재, 국내에서 활동하는 디지털 포렌식 수사관은 주로 검찰과 같은 국가 수사기관에서 일하므로 먼저 공무원 시험을 치러야 합니다. 시험을 통해 경찰 공무원이 된 다음에 자신의 특기를 살려 디지털 포렌식 수사관으로 활동할 수 있습니다.

관련학과로는 정보보호 관련 학과가 있지만 아직까지는 디지털 포렌식을 전문으로 배우기에는 부족한 형편입니다. 하지만 최근 군산대, 고려대 등의 학부과정과 극동대학교, 동국대학교 대학원 등에서 포렌식을 전문으로 다루는 학과를 개설하고 있습니다. 그러나 디지털 포렌식 수사관이 되기 위해서 반드시 관련 전공을 이수해야만 하는 것은 아닙니다. 디지털 포렌식은 법학과 인문학, 컴퓨터공학 등의 융합으로 탄생한 분야입니다. 따라서 법학이나 IT관련 전공을 하면 디지털 포렌식 수사관이 된 후 도움을 받을 수 있겠지만 디지털 포렌식 수사관이 되기 위해 반드시 필요한 조건은 아닙니다.

국내 관련 자격증으로는 한국포렌식학회에서 주관하는 디지털 포렌식 전문가 자격증, 사이버 포렌식 전문가협회에서 인증하는 사이버 포렌식 조사전문가 자격증이 있고 국제적 전문 자격증으로는 EnCE 디지털 포렌식 수사자격, 미국 엑세스테이터의 FTK 포렌식 전문가자격증(ACE) 자격증 등이 있습니다. 디지털 포렌식 수사관에 흥미가 있는 친구라면 이런 자격증에 대해서도 관심을 가져보는 것도 괜찮겠죠?

흥미와 적성

 디지털 포렌식은 법학, 인문학, 컴퓨터공학 등의 학문이 융합으로 탄생한 분야이므로 디지털 포렌식 수사관은 다양한 지식과 능력이 요구된다고 할 수 있어요. 특히 IT 전반에 대한 기초 지식과 능력이 필요합니다. 데이터 검색(수집)기술, 복구기술, 분석기술 등을 갖춰야 한다는 말이지요. 말만 들어도 벌써 머리가 아픈 친구들도 있고 뭔가 재미있는 것 같아 눈이 반짝반짝 빛나는 친구들도 있을 거예요. 아무래도 컴퓨터에 관심이 있고 소질이 있는 친구들에게 다소 유리한 분야가 되겠지요. 하지만 컴퓨터에 대한 지식이 아직 부족하더라도 디지털 포렌식 수사관에 관심이 있다면 지금이라도 집중해서 노력해 봐도 좋지 않을까요? 이렇게 디지털 포렌식 수사관의 기본 요건을 갖추기 위해서는 컴퓨터시스템, 하드웨어, 운영체제, 정보보안 등 IT 전반에 대한 풍부한 지식이 필요합니다.

 이에 더해 논리력과 스피치 능력 등 법정에서 발휘할 수 있는 변론능력도 갖춰야 합니다. 글쓰기 능력도 중요하죠. 디지털 자료의 확보, 복구, 해석 과정과 결과를 보고서로 작성해 법정에 제출해야 하기 때문입니다. 자료가 증거로 채택된 후 재판과정에서 법리 싸움을 벌일 때에는 보고서 내용이 얼마나 논리적인지가 매우 중요하므로 이를 뒷받침할만한 글쓰기 능력이 필요합니다. 법적 소양도 중요합니다. 특히 증거 관련 규정이 포함되어 있는 형사소송법이나 형법에 대한 이해가 필수적입니다. 앞으로는 디지털 포렌식을 전문으로 하는 민간회사도 많이 나타날 것이기 때문에 그 때를 대비해 민법, 민사소송법에 대한 지식도 갖춰놓는 것이 좋겠지요.

그밖에 수집한 자료가 법정에서 증거로 채택되도록 하기 위해서는 오랜 시간 매달려야 하므로 집중력과 끈기, 추리력, 강한 체력도 필요합니다. 문제를 끈질기게 파고들고, 엄청난 양의 디지털 자료 중 범죄의 단서가 되 는 것을 찾아내 이것이 법정에서 증거로 채택되도록 능력을 발휘해야 하 기 때문이지요. 또한 호기심이 많고 집요한 성격으로 꾸준하게 연구할 수 있는 성향을 가진 사람에게 적합합니다.

디지털 포렌식 수사관의 현재 모습

현재 활발히 활동 중인 전문가들은 국가수사기관에 소속된 전문 수사 관들이 대부분입니다. 그 외에는 소수이기는 하지만 특허소송 등을 대비 해 대기업의 법무팀 산하에 디지털 포렌식 조직을 두고 있기도 하고, 회계 법인이나 대형로펌에서 일하는 전문가들도 일부 있습니다. 또한 회계 관 련 자료가 데이터베이스화되어 있기 때문에 회계장부 관리를 하는 데에도 포렌식 기술을 갖춘 인력이 활동 중입니다. 기업에 속해있는 경우 아직은 포렌식 도구를 이용해 디지털 자료를 수집하고 손상된 데이터를 복구하는 수준의 활동을 하고 있습니다.

디지털 과학 수사에 대한 수요는 더욱 커질 것으로 전망되고 있어요. 사회가 점차 지식정보화 되고 이에 따라 생활 전반이 IT에 의해 움직이고 있기 때문에 사이버 범죄의 발생 건수가 늘어나는 것은 물론, 지능 범죄의 수법도 다양화되고 있습니다. 또한 디지털 기기의 발달과 지속적으로 디지털 기기의 사용량 증가로 범죄 수사에 디지털 증거의 확보는 점점 더 중요해질 것입니다. 따라서 앞으로 디지털 과학수사에 대한 수요는 더욱 커질 것입니다.

대기업의 법무팀이나 감사실에서도 기술 유출 등에 대처하기 위해 디지털 포렌식 관련 인원의 채용에 대한 움직임이 더욱 활발해질 것으로 예상됩니다. 현재는 대부분의 포렌식 수사를 국가기관이 주도하고 있지만 디지털 관련 사건이나 문제 발생의 수요가 늘어날 가능성이 크기 때문에 점차 민간으로 확대될 것으로 전망됩니다.

제1도서 진로독서 활동(초등용)

도서	사이버 폭력 어떻게 대처할까?	도서정보	닉 헌터 / 내인생의책

사이버 폭력에 대한 모든 것을 담고 있는 책입니다. 사이버 폭력의 종류와 그에 따라 달라지는 대처법, 사이버 폭력을 당할 때 도움을 받을 수 있는 기관이나 단체 등 디지털 시대를 안전하게 살아가기 위해 알아야 할 모든 것을 다루고 있습니다.

디지털 시대인 요즘 어딜 가나 남녀노소를 막론하고 스마트 폰에 푹 빠져 손에서 놓지 못하고 고개를 잔뜩 숙이고 있는 모습을 자주 볼 수 있어요. 특히 초등학생을 비롯한 청소년들이 친구와 마주 앉아 있으면서도 각자 스마트 폰 화면만 들여다보는 경우도 눈에 많이 띕니다. 이렇게 스마트 폰과 인터넷을 과도하게 사용하면 기억력 저하나 수면 장애 등 많은 문제가 발생하지만 특히 어린 학생들의 지나치게 많은 스마트 폰 사용은 '사이버 폭력'으로 이어지는 경우가 많아지게 되죠. 현재 어린이나 청소년 사이의 소통은 학교를 비롯한 오프라인 공간보다 온라인상에서 더 많이 이루어지고 있는 실정이에요. 거의 온종일 온라인에 연결된 상태이다 보니 24시간 내내 사이버 폭력에 노출될 가능성이 크죠.

당하는 사람은 큰 상처를 받으며 괴로움을 겪게 되고 사이버 폭력을 하는 사람은 큰 범죄를 저지르게 되는 사이버 폭력에 대해 디지털 포렌식 수사관의 관점에서 살펴보도록 할까요?

3단계별 이야기식 진로독서 활동

가. 배경지식으로 찾아보기

📢 인터넷과 스마트 폰을 사용하고 있나요?

📢 인터넷이나 스마트 폰 같은 정보 통신 기술을 사용하면 생기는 좋은 점과 나쁜 점은 무엇인가요?

나. 책 속에서 진로 찾기

📢 사이버 폭력은 무엇을 말하는 것인지 설명해 보세요.

📢 사이버 폭력을 당한 사람이 받는 피해는 무엇이며 사이버 폭력에 대처하는 방법에는 어떤 것이 있는지 말해 보세요.

다. 책 밖에서 진로 찾기

📢 점점 다양해지는 사이버 범죄의 원인은 무엇인지 생각해 보세요.

📢 디지털 포렌식 수사기법은 사이버 범죄를 해결하는데 어떤 역할을 할지 생각해 보세요.

찬반형 진로독서 활동

토론 논제 : 사이버 폭력은 현실에서의 폭력보다 더 적은 피해를 준다.

사이버 폭력은 현실에서 물리적으로 가해지는 폭력에 비해 겉으로 드러나는 상해를 입히지는 않아요. 사이버 폭력을 당한다고 해서 피를 흘리거나 큰 상처를 입지도 않죠. 하지만 정신적 피해는 훨씬 더 클 수도 있습니다. 사이버 폭력을 당해 스스로 목숨을 끊는 경우도 종종 생기거든요. 또 개인정보를 잘 관리하면 어느 정도의 예방도 가능합니다. 그렇지만 사이버 폭력은 때와 장소를 가리지 않고 24시간 내내 고통을 주는 집요함을 보이기도 해요.

여러분은 사이버 폭력에 대해 어떤 의견을 가지고 있나요? 혹시 당해 보거나 장난으로라도 사이버 폭력 가해자의 경험을 한 적은 없나요? < 사이버 폭력은 현실에서의 폭력보다 더 적은 피해를 준다>는 논제에 대해 의견을 나누어 보세요.

도서	과학이 밝히는 범죄의 재구성4	도서정보	박기원 / 살림Friends

사건 현장에서 실제로 증거를 수집하고 분석해 온 국립과학수사연구소 박기원 박사의 흥미진진한 과학수사 이야기를 담은 책입니다. 다양한 사건을 수사하는 과정에서 사건을 해결하는 데 과학수사기법이 결정적으로 작용했던 것은 무엇이었으며, 과학적 원리와 분석 방법에는 어떤 것이 있는지에 대하여 국내외 현황과 함께 사건 중간과 말미에 상세하게 소개하고 있습니다.

지능범죄가 갈수록 증가하는 상황에서 과학의 힘이 없이는 치밀하고 교묘해져 가는 범죄 사건을 해결하기 어렵게 되었습니다. 국립과학수사연구원 유전자감식센터에서 근무 중인 저자는 과학수사가 단순히 영화나 드라마에서만 등장하는 것은 아니며, 한국에서도 미궁에 빠져 미제 사건으로 남을 만한 사건들이 과학의 원리를 이용한 과학수사기법으로 해결되고 있다고 설명합니다. 현장에 떨어져 있는 혈흔, 머리카락, 동물의 털 한 가닥, 지문, 땀 한 방울 등 아무리 사소한 흔적이라도 유전자 감식 등을 통해 범인을 잡을 결정적 증거가 되기도 합니다. 오래된 유골로도 피해자의 신원을 밝혀내는 등 과학수사로 이제 완전 범죄란 있을 수 없고 어떠한 경우에라도 범죄는 드러나고 범인은 잡힐 수밖에 없다는 가능성을 보여 줍니다.

디지털 포렌식 수사 기법도 과학수사의 한 종류입니다. 디지털 증거자료를 찾아내고 분석하는 디지털 포렌식 수사 기법을 생각하면서 범죄의 현장으로 떠나 볼까요?

3단계별 이야기식 진로독서 활동

가. 배경지식으로 찾아보기

📢 '범죄'하면 어떤 말이 떠오르는지 말해 보세요.

📢 '범죄'를 해결하는데 '과학 수사대'는 어떤 역할을 할지 짐작해 보세요.

나. 책 속에서 진로 찾기

📢 사건 현장을 감식할 때 주의사항은 무엇이 있는지 설명해 보세요.

📢 책 속 사건 중에 하나를 선택해 디지털 포렌식을 적용해 사건의 실마리를 찾아보세요.

다. 책 밖에서 진로 찾기

📢 과학 수사의 일환인 '디지털 포렌식 수사'는 사건의 해결에 어떤 영향을 미치는지 생각해 보세요.

📢 자신이 만약 '디지털 포렌식 수사관'이라면 수사를 할 때 가장 힘든 일은 무엇일지 생각해 보세요.

찬반형 진로독서 활동

📣 토론 논제 : 디지털 포렌식 수사를 하면서 자신의 개인정보가 공개될 경우, 사건의 해결을 위해 허용해야 한다.

디지털 포렌식이란 PC, 노트북, 스마트 폰에 있는 컴퓨터 메모리, 하드 디스크, USB 메모리 등 저장 매체에 남아 있는 데이터를 원본 그대로 수집 하고 디지털 정보를 분석하여 범죄 단서를 찾는 수사기법 입니다. 디지털 증거를 수집, 분석해 사건의 증거로 제시하다 보면 가해자도 피해자도 아닌 제 3자의 개인정보도 공개되는 경우가 생기게 될 수 있어요. 거리에서 찍힌 CCTV, 자동차의 블랙박스에 나의 사생활이 본의 아니게 공개될 수도 있지요.

사건의 해결을 위해 그 디지털 자료가 반드시 필요하지만 그것이 공개될 때, 자신의 개인정보가 유출될 수도 있다면 그럴 때 여러분은 어떤 선택을 하게 될까요? 사건 해결을 위해 개인정보 유출로 인한 손해를 감수해야 할까요? 아니면 사건의 해결보다 자신의 개인정보를 지키는 것이 더 중요할까요? <디지털 포렌식 수사를 하면서 자신의 개인정보가 공개될 경우, 사건의 해결을 위해 허용해야 한다>는 논제에 대해 자신의 입장을 정해 토론해 보세요.

📢 다음 기사 내용을 보고 물음에 답해 보세요.

디지털 증거 수집과 이용에 대한 국민적 합의 절실

국민들 대다수가 스마트폰이나 컴퓨터와 같은 디지털 기기들을 사용하면서 재판에도 디지털 증거들이 많이 제출되고 있다. 이번 민간인에 의한 국정농단 사건에서도 검찰이 확보한 관련자들의 디지털 자료들이 수사에 결정적인 역할을 했다. 사정이 이렇다보니 매년 디지털 압수수색 건수와 증거분석 규모가 늘어나고 있고, 검찰은 이러한 디지털 자료들을 수사에 이용하기 위해 디지털 포렌식 수사팀을 확대하고 있다.

이러한 디지털 자료들은 비단 형사 사건 뿐만 아니라 민사·가사 사건에서도 결정적인 증거로 제출되고 있다. 예컨대 A가 B의 부정행위를 이유로 이혼을 청구하는 경우 과거에는 흥신소와 같은 불법 업체를 통하지 않고는 B의 부정행위를 밝혀내기가 쉽지 않았다. 그러나 최근에는 B가 주고받은 메시지, B의 통신 기록, 통화한 기지국 위치, 신용카드 결제 내역 등 디지털 자료들을 이용하여 B의 부정행위를 적극적으로 입증하고 있다. 결국 디지털 자료들이 재판에 있어서 실체적 진실을 밝히는 데 결정적인 역할을 하고 있는 것은 부인할 수 없는 사실이다.

그러나 이러한 디지털 정보에는 개인의 사생활이 그대로 노출되어 있어 자칫 국가 권력이 국민을 통제하는 수단으로 악용될 수 있고, 본인도 모르는 사이에 타인이 디지털 자료를 무분별하게 수집할 수 있어 사회 구성원들 간에 갈등과 불신이 조장될 수도 있다. 예컨대 수사기관은 압수수색 영장을 통해 휴대폰의 위치기록, 문자메시지·이메일 자료, 하이패스 통과 기록, 대중교통 이용내역, CCTV 기록 등의 디지털 자료들을 광범위하게 확보할 수 있는데 만약 국가 권력이 손쉽게 디지털 정보를 수집하여 민간인을 사찰하고 이를 재판의 증거로 사용한다면 국민들은 국가 권력의 감시 하에 놓이게 될 수밖에 없게 된다.

또한 개인이 무분별하게 수집한 각종 디지털 정보들을 아무런 여과 없이 증거로 인정하게 되면, 사람들은 적극적으로 상대의 휴대 전화 내용을 촬영하고, 상대와의 통화를 녹음하려 할 것이다. 그렇게 되면 타인이 언제든지 내 허락 없이 디지털 자료를 수집할 수 있다는 불안감으로 인해 사회 구성원 간에 불신이 조장될 수밖에 없다. 결국 디지털 자료를 수집하여 이를 재판에 이용하는데 있어서는 분명한 한계를 정해야 하는데 실제적 진실의 발견을 위해 디지털 자료의 수집과 이용을 용인하면 할수록 개인 사생활이 침해되고 사람들 사이에 불신이 커질 수밖에 없기 때문에 국민들 사이에 합의가 반드시 필요하다.

〈출처: 강원도민일보 2017년 06월 15일 기사문〉

1) 디지털 자료들이 수사에 결정적인 역할을 하게 되는 이유는 무엇인가요?

2) 디지털 포렌식 수사가 가진 장점에도 불구하고 우려되는 것은 무엇인지 말해 보세요.

3) 디지털 포렌식 수사를 하면서 생길 수 있는 문제를 해결하기 위해서는 어떤 과정이 필요한지 생각해 보세요.

현재 대검찰청 디지털수사담당관실에서 디지털 포렌식 수사관으로 근무하는 이승무, 독고지은 포렌식 전문수사관에 대한 인터뷰 내용을 소개합니다.

인터뷰 : 대검찰청 디지털수사담당관실 이승무, 독고지은 포렌식 전문수사관

Q. 디지털포렌식수사관으로서 현재 하고 있는 일은 무엇입니까?

A. 영화나 드라마에서 지문이나 혈흔을 채취하는 장면을 본 일이 있을 겁니다. 범죄 현장에 남긴 범인의 지문, 머리카락, 혈흔 등이 증거로 쓰여 범죄 사실을 입증하는 것처럼 디지털 자료 역시 수사과정에서 중요한 과학적 증거로 쓰입니다.

　저희들은 전문수사관으로 대검찰청 디지털수사담당관실에 소속돼 범죄수사의 단서가 되는 디지털 자료를 확보하고 복구하며, 이를 분석해 법적 증거자료로 만들어 제출하는 일을 하고 있습니다.

Q. 디지털 자료는 복제와 변조 등을 쉽게 할 수 있어서 다루기가 까다로울 것 같습니다. 구체적으로 어떤 방식으로 증거자료를 수집하는지 궁금합니다.

A. 먼저 컴퓨터 등 디지털기기나 인터넷에 남아 있는 증거자료를 수집하는 일부터 시작합니다. 기업이나 개인의 컴퓨터, 또는 서버에 저장된 데이터를 압수하고 범죄의 단서가 될 만한 디지털 자료를 수집하는데, 이때 '무결하게'압수하는 것이 중요합니다. 무결하게 압수한다는 것은 자료의 변조 없이 원본 그대로의 데이터를 확보하는 것을 뜻합니다.

　특히 증거로 제시한 데이터를 채취하는 과정이 적법하였는지, 손상된 데이터를 복구하는 과정에서 변경이 있지는 않았는지 등을 입증해야만 법정에서 증거로 채택돼 효력을 발휘할 수 있습니다. 때문에 증거 자료 확보는 디지털포렌식수사관의 참여 아래 이뤄져야 합니다. 또 디지털 자료는 다른 곳에서 다른 사람에 의해서도 접속이 가능하므로 신속함이 필요합니다. 기업을 압수수색하는 경우 저장된 데이터의 양이 어마어마하므로 포렌식 전문도구를 이용해 범죄 관련 데이터만 빠르게 검색해내야 합니다.

Q. 수집한 자료는 어떤 과정을 거쳐 증거로 채택하게 됩니까?

A. 이렇게 디지털 자료를 확보했다고 해서 바로 범죄를 입증할 수 있는 것은 아닙니다. 철저한 분석을 통해 자료가 증거로서 효력이 있는지, 범죄자의 혐의를 입증할 수 있는지를 파악해야 합니다. 분석이라 함은, 이를테면 복구한 데이터가 피의자의 것임을 입증하는 것, 혐의사실 입증에 그 데이터가 어떤 증거능력을 가지는지 등을 명확히 제시하는 것입니다.

구슬이 서 말이라도 꿰어야 보배이듯, 확보한 자료는 포렌식수사관의 면밀한 분석을 통해 법정에서 효력을 발휘하는 증거로 재탄생하게 됩니다. 여기서 끝이 아닙니다. 법정에서 디지털 자료가 가지는 증거로서의 효력에 대해 반론이 들어올 수 있기 때문에 이런 공격을 미리 예상하고 대비할 수 있어야 합니다. 그래서 우수한 포렌식수사관은 종합적 분석·해석 능력에 더해 변론 능력도 필요합니다.

Q. 디지털포렌식수사관이 되려면 법이나 IT를 반드시 전공해야 하는지 궁금합니다.

A. 디지털포렌식은 정보기술(IT)과 법과학의 만남을 통해 현대사회의 범죄수사에 시너지 효과를 내는 대표적인 융합학문입니다. 그런데 법과 IT 관련 학과를 전공하면 업무에 많은 도움이 되는 것은 맞지만, 반드시 그렇다고 할 순 없습니다. 지금 우리나라에 디지털포렌식이 대중화된 상황도 아니고, 관련 인력도 대부분 검찰 등 국가수사기관에 종사하고 있어 디지털포렌식수사관이 되려면 국가공무원 공채시험을 치르고 수사관으로서의 경험을 쌓아야 합니다.

저희 팀에 근무하는 수사관들 역시 모두 IT를 전공한 것은 아닙니다. 공무원 시험을 치르는 데에는 특별한 전공 제한이 없는 것처럼 디지털포렌식수사관이 되기 위한 특별한 자격조건이 있다고 보기는 힘듭니다. 그러나 검찰직 공무원 공채시험에는 법 관련 과목이 필수이므로 법 공부는 따로 해두는 것이 좋고 IT 관련 지식과 능력은 일을 하면서 쌓을 수 있습니다.

Q. 전공을 하지 않은 상태에서 법과 IT 모두를 공부하는 게 쉽지만은 않을 것 같습니다.

A. 그렇습니다. 말씀드렸듯 디지털포렌식은 융합학문입니다. 첨단기술 및 디지털기기 등이 하루가 다르게 발전하고 있기 때문에 남들보다 2배로, 끊임없이 공부를 해야 합니다. 엄청난 발전 속도를 따라가기 위해서는 한순간도 노력을 게을리할 수 없는 거죠.

이처럼 항상 진취적인 생활태도를 유지하면서 새로운 IT기술을 빠르게 습득해야 하는 등 사회 전반의 발전과 궤를 같이 해야 한다는 것이 몹시 힘들지만, 한편으로는 성취감을 느낄 수 있어 매력적이기도 합니다. 또 하나, 디지털 자료의 분석과정은 상당한 인내를 필요로 하는 일입니다. 사건에 따라서는 자료를 찾아 복구하고 분석하는 데 굉장한 시간이 소요될 때도 있어 밤을 새는 것은 예사고, 체력적으로 힘든 순간도 많습니다.

Q. 사회정의를 실현하는 일인 만큼 보람도 클 것 같습니다. 이 부분은 각자 말씀해 주셨으면 합니다.

A. 이승무 : 첨예한 대립 끝에 제가 분석한 결과물이 사건 해결의 열쇠가 되었을 때의 희열은 말로 다할 수가 없습니다. 증거가 없어 미궁에 빠지거나 억울한 사람이 발생할 수도 있는 상황을 막을 수도 있었고요. 사건 수사에 있어 눈에 보이는 증거물이 전부는 아닙니다. 디지털기기의 사용이 일상화되면서 범법자들은 자신도 모르는 사이에 눈에 보이지도 않는 증거를 곳곳에 남기게 되거든요. 그걸 찾아내 결정적 단서로 만들어가는 과정이 굉장히 매력적입니다.

A. 독고지은 : 누구나 한번쯤 직소퍼즐을 맞춰본 적이 있을 겁니다. 일을 하면서 종종 퍼즐을 떠올릴 때가 있습니다. 퍼즐을 풀어갈 때의 기분과 수집하고 복구한 자료를 분석해 나갈 때의 기분이 비슷합니다. 수많은 퍼즐 조각을 들고 한 조각씩 끼워 맞춰 나가다 보면 어느 틈엔가 다음 퍼즐들이 술술 풀리게 됩니다. 디지털포렌식도 마찬가지입니다. 범죄자가 아무리 발뺌을 해봐야 분석한 결과를 증거로 딱 들이밀면 게

임은 끝납니다. 데이터 분석을 통해 결과물이 명확하게 나오면 사건을 완전히 장악할 수 있습니다. 처음에는 하나의 가설에 불과하던 것을 사실로 증명해낼 때의 정복감, 집요한 추리과정 끝에 느낄 수 있는 자기성취감이 매우 큰 직업이라고 생각합니다.

Q. 범죄를 다루다 보면 성취감이 큰 만큼 기억에 남는 일도 많을 것 같습니다.

A. 억울한 누명을 쓸 뻔했던 시민을 구했던 일이 오래도록 남습니다. 절도죄로 재판을 받게 된 사람이 있었습니다. 법정에서 알리바이를 대며 계속 혐의사실을 부인했지만, 알리바이를 입증해줄 증거가 마땅치 않은 상황이었습니다. 절도행위를 했다고 의심받는 그 시각에 자신은 컴퓨터로 인터넷을 하고 있었다는 것이 그의 알리바이였습니다.

그 사람의 집에서 압수한 노트북을 분석했지만, 이미 사건이 발생한 지 1년이나 지난 상황이었고 그간 노트북은 한 차례 포맷까지 되어 있었습니다. 과연 그 알리바이가 증명이 될 수 있을지 장담할 수 없었죠. 하지만 포맷 이전의 데이터가 아주 일부 남아 있는 것을 발견했고, 포렌식 도구를 이용해 복구해보니 범죄행위 추정 시각에 게임을 한 흔적이 발견되었습니다. 이후 그가 현재 사용 중인 계정과 동일한 계정으로 게임을 했다는 사실까지 밝혀져 알리바이가 입증되었고, 혐의를 벗는 데 결정적인 도움을 줄 수 있었습니다.

Q. 디지털포렌식수사관은 다양한 자질이 요구되는 분야라는 생각이 듭니다. 이 직업에 도전하는 후배들에게 어떤 조언을 해주고 싶습니까?

A. 이 직업에 관심을 갖는 분들에게 늘 강조하는 것이 있습니다. 일하는 과정이 녹록치 않기 때문에 무엇보다 정의감과 사명감이 필요하며, 스스로 이 일을 즐길 수 있는 사람이어야만 오래 일할 수 있을 거라는 말입니다. 디지털포렌식은 융합에 의해 새로 나타난 분야이기 때문에 다양한 능력을 동시에 요구합니다.

데이터를 수집 · 복구하고 분석하는 과정에서는 꼼꼼하고 치밀하게 파고들어 해당 데이터를 증거력을 갖춘 자료로 만들어내야 합니다. 한편, 법정에서 데이터가 증거로서 효력이 있음을 입증할 때에는 능숙하고 논리적인 언변으로 재판정에 있는 사람들을 설득할 수 있어야 합니다. 안으로 파고드는 집중력과 수사관으로서의 마인드, 적극성을 모두 가진 사람만이 이 분야에서 전문가로 인정받을 수 있습니다. 동시에 이러한 능력을 갖추기가 결코 쉬운 일은 아니지만 일하는 재미와 보람만큼은 보장할 수 있다고 생각합니다.

마지막으로 이 일은 각기 다른 개성을 가진 두 학문으로 새로운 것을 창조하는 즐거움을 느낄 수 있는 일입니다. 결과물이 정확하게 산출되는 컴퓨터과학을 통해 모호하고 추상적인 사회과학을 뒷받침하고, 반대로 생명력이 없는 컴퓨터과학에 생명력을 부여하는 사회과학이 응용된다는 점을 기억했으면 좋겠습니다.

〈출처 : 사이버 포렌식 협회. 포렌식 뉴스 발췌〉

(사전 적합도 평가)

🔊 다음 물음에 따라가며 자신의 적성을 파악해 보세요.

1. 아래 내용을 읽고 자신의 특성이나 가치관과 비슷하다고 생각하는 만큼
  점수에 표시해 보세요.

  (① 전혀 아니다 ② 아니다 ③ 보통이다 ④ 그렇다 ⑤ 매우 그렇다)

한 번 시작한 일은 끝까지 해내려고 한다.	탐구심이 많은 편이다.	분석하는 것을 좋아한다.	정확하고 빈틈없는 성격이다.
① ② ③ ④ ⑤	① ② ③ ④ ⑤	① ② ③ ④ ⑤	① ② ③ ④ ⑤
이론적으로 따지기를 좋아한다.	자신의 생각을 논리적인 말과 글로 표현할 수 있다.	컴퓨터를 잘 다룬다.	평소 리더십이 있다는 말을 자주 듣는다.
① ② ③ ④ ⑤	① ② ③ ④ ⑤	① ② ③ ④ ⑤	① ② ③ ④ ⑤
다른 사람보다 호기심이 강하다.	무엇이든지 그 원인을 생각해 보는 성격이다.	정의로운 사회에 대해 관심이 많다.	무엇이나 세심하게 잘 관찰하는 성격이다.
① ② ③ ④ ⑤	① ② ③ ④ ⑤	① ② ③ ④ ⑤	① ② ③ ④ ⑤

2. 점수의 합계를 내 보세요. 자신의 점수는 몇 점인가요?

내 점수는 _____점.

3. 점수의 합계를 통해 자신의 직업 적성도를 파악해 보세요.

적성도 A등급 (60점~48점)	적성도 B등급 (47점~36점)	적성도 C등급 (35점~12점)
당신은 분석력과 논리력을 갖춘 사람입니다. 디지털 포렌식 수산관의 자질을 갖추고 있으니 도전해 보세요.	당신은 디지털 포렌식 수사관의 자질을 어느 정도 갖추고 있습니다. 디지털 포렌식 수사관에 관심이 있으면 가능성을 키워 보세요.	당신은 디지털 포렌식 수사관이 되기에는 다소 적합하지 않지만, 적성을 키워 간다면 충분히 가능하니 포기하지 마세요.

* 직업 적합도 평가는 주간적인 체크리스트이므로 참고 자료이지 절대적인 것이 아닙니다. 직업이 갖는 목적과 의미를 생각하며 원하는 마음이 생겼다면 관련 역량을 기르기 위해 꾸준히 노력하는 것이 더 중요하겠지요.

재미있는 과학수사 이야기 /
박기원 / 가나출판사 / 2012

과학적 관찰과 분석을 통해 사건의 진실과 범죄 사실을 증명하는 과학수사의 모든 것을 담은 책입니다. 사건 현장 도착에서 시작해 과학수사 전 과정을 큰 흐름으로 구성하고 있어 실제 사건을 수사하는 것 같은 흥미로움을 줍니다. 또한 유명한 실제 사건, 사고를 해결한 과학수사이야기를 친숙한 만화와 생생한 과학수사 사진을 곁들여 설명하고 있어 실제 사건, 사고에서 과학수사의 지식이 어떻게 활용되는지 쉽게 이해할 수 있습니다.

지문분석부터 유전자분석까지 과학수사 전 분야의 분석방법도 소개하고 있어 과학수사에 대해 관심과 호기심이 많은 친구들의 궁금증을 풀어줍니다. 다양한 수사 방법을 소개하면서 사이버 범죄에 대해서도 안내하고 있어 여러 가지 사이버 범죄를 과학수사의 기법과 연계해 살펴볼 수 있습니다.

트루먼 스쿨 악플 사건 /
도리 힐레스타드 버틀러 /
미래엠앤비 / 2009

사이버 폭력, 왕따 등 인터넷과 사이버 상에서 발생하는 문제들의 심각성을 인식시키고 주인공의 이야기를 통해 간접적으로 그 해결 방법을 제시하고 있는 책입니다. 주인공은 친구 중 누군가가 익명으로 인터넷에 쓴 악플 때문에 학교에서 어려움에 처하게 됩니다. 악플을 쓴 범인이 누구인지 추적하면서 사이버 폭력의 가해자와 피해자의 감정을 함께 그려내고 있습니다.

'악플'로 대표되는 무분별한 인터넷 문화가 최근 심각한 사회문제로 제기되고 있습니다. 실제로 이런 악성 댓글 문화에 무방비로 노출된 청소년들이 악플에 휘

말려 왕따, 폭력 사건을 일으키는 경우도 많이 발생하고 있습니다. 이러한 사이버 폭력, 사이버 범죄의 폐해에 초점을 맞추고 사이버 범죄가 매우 심각한 범죄가 된다는 사실을 인식할 필요가 있습니다. 사이버 범죄가 증가하는 추세 속에서 '디지털 포렌식 수사관'의 역할에 대해 생각해 보며 책을 읽어 보기 바랍니다.

06 유사 직업 안내

국가 사이버 안전요원

정보화시대인 현대 사회에서 컴퓨터 망을 이용해 국가의 주요 데이터를 유출시키거나 파괴하는 사이버테러에 대비, 보호하고 보안기술을 지원하는 일을 하는 사람입니다. 국내 주요 전산망의 위협요인을 사전에 차단하고 예방하는 업무를 수행합니다. 국가기관, 산업체, 연구소 등 주요 전산망의 안전성 여부를 확인하여 사이버공격 징후를 탐지하고 위험요소가 포착될 경우 각 기관에 알려 사이버테러를 예방할 수 있도록 조치합니다. 또한 사이버테러 발생 시 현장 또는 원격으로 사고 원인을 분석하고 복구하는 역할을 합니다.

국가 사이버 안전요원이 되기 위해서는 정기 및 수시채용을 통해 국가정보원에 들어가야 합니다. 인터넷과 정보통신기술의 발전으로 사이버 공격 또한 증가하고 있기 때문에 사이버 세상의 지킴이로서 국가 사이버 안전요원의 역할은 더욱 증가될 것으로 전망됩니다.

국가 산업보안 전문가

국내의 첨단기술을 보호하기 위해 정보를 수집하고 정보유출을 방지하는 사람입니다. 국내 산업 기밀이 불법적으로 해외로 유출되는 것을 차단하는 역할을 합니다. 또한 국내 기업체와 연구소를 대상으로 산업 보안교육과 컨설팅을 실시하여 기밀이 유출되는 것을 사전에 예방합니다. 산업 보안 관련 정책 및 제도를 연구하며 보안교육을 통해 산업보안에 대한 의식을 고취시키기 위해 보안교육을 실시합니다.

국가 산업보안 전문가가 되려면 특별한 전공이 필요하지는 않습니다. 하지만 대학교 졸업 이상의 학력이 있어야 하며 산업보안 업무를 수행할 때 외국어 활용 능력과 지적재산권 관련한 법률 지식을 갖추고 있으면 유리합니다.

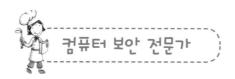

정보 보안 컨설턴트 또는 화이트 해커(White Hacker)라고도 불리며 해커의 침입과 각종 바이러스 발생에 대비해 전산망을 전문적으로 보안 유지하고 컴퓨터 네트워크, 내부정보들의 보안을 책임지는 사람입니다. 보안 취약점에 대해 연구하고 해킹에 대해 방어 전략을 구상하고 최적의 해결책을 제안합니다.

컴퓨터 보안 전문가가 되려면 운영체제, 데이터베이스, 시스템 관리, C언어, 네트워크 프로그래밍 등에 대한 지식이 필요하며 윤리성도 갖춰야 합니다. 컴퓨터 보안 전문가로 활동하려면 별도의 연령 제한이나 자격 제한이 있는 것은 아니지만 정보보호 대응, 관리 체계 구축 또는 제안, 정보보호 취약점 분석 등의 실무 경력이 중요합니다. 관련 자격증으로는 CISSP, SIS 1급 등이 있습니다.

그 외에 과학수사 관련직으로 범죄문서 감정관, 거짓말탐지 검사관, 범죄심리 분석자, 범죄영상 분석관 등의 유사 직업이 있습니다.

관련 기관

- 대검찰청 국가디지털포렌식센터(NDFC)
- 서울시 민생사법경찰단 디지털 포렌식 센터
- 한국포렌식학회
- 사이버 포렌식 전문가협회 등

참고 도서

- 디지털 포렌식의 세계 / 이준형, 조정원 / 인포더북스
- 과학수사를 위한 디지털 포렌식 / 이규안, 박대우 / GS인터비전
- 컴퓨터 포렌식 수사 기법 / 데런 헤이즈 / 에이콘출판사
- 알고 싶은 직업 만나고 싶은 직업 II (중.고등학생을 위한 한국직업사전) / 한국고용정보원 / Jinjan M&B
- 세계미래보고서 2030-2050 / 박영숙, 제롬 글렌 / 교보문고

8장

온실가스관리컨설턴트

온실가스관리컨설턴트는

국제사회의 기후변화에 대응하고 정부의 온실가스 감축
정책을 원활히 시행하기 위해 생겨난 직업입니다.
온실가스관리컨설턴트는 기업의 온실가스 감축활동을
관리하고 나아가 기업이 자발적으로 감축활동을 해나갈
수 있도록 정부기관이나 산업 부문에서 활동하는 환경과
에너지분야 기획가입니다.

직업 관련 재미있는 이야기

지구온난화를 막기 위한 생활 속 실천!

〈출처: [인포그래픽] 온맵시 그것이 알고싶다(작성자: 한국기후환경네트워크)〉

올 해 겨울은 어느 해보다 춥다는 뉴스의 보도가 연일 쏟아져 나왔어요. 추운 겨울을 안전하게 보내려고 난방용품과 방한의류를 구입하면서 대비를 한다고 했는데 추위로 인해 발생하는 사고가 잇따르고 바깥 외출을 자제해야한다는 한파경보가 자주 발령됐지요. 자세히 보니 우리나라 뿐 아니라 전 세계가 추위로 인해 큰 피해를 입고 있더군요. 추운 건 정말 싫습니다. 따뜻한 실내에 들어가 가벼운 옷차림으로 바깥의 추위를 피하고만 싶지요.

우리가 언제부터 사계절 날씨와 상관없이 쾌적한 실내 생활을 해 왔는지 여러분은 알고 있나요? 생각해보니 기술이 발전하면서 날씨는 더 이상 극복의 대상이 아니게 되었어요. 에너지를 공기처럼 사용하기 때문이지요. 그 덕분에 우리의 삶은 편리해졌고 과거에 비해 풍요로워졌어요.

그런데 좀 더 깊이 생각해 볼까요? 그러면 우리가 중요하게 여겨야할 한 가지를 발견하게 된답니다. 그것은 우리가 자연을 극복의 대상으로 삼았다는 점이에요. 자연이 인간이 살아가는 데 필요한 자원을 아낌없이 준다고 해서 자연의 질서마저 파괴하는 개발을 해서는 안됩니다. 여러분도 아시다시피 우리는 자연을 개발하면서 자연과의 공존의 길로 나아가야만 자연과 더불어 살 수 있을 것입니다. 그러나 지나친 개발로 인해 자연의 질서를 헤치게 된다면 우리는 더 이상 편리함도 풍요로움도 누릴 수 없게 됩니다. 추운 겨울을 이겨낸다는 것은 어디까지나 우리의 시각인 것입니다.

'온맵시 캠페인'에서 난방 온도를 낮춰 온실가스 발생량을 줄이자는 의미는 우리가 자연을 지키는 삶을 실천할 수 있는 방법을 알려주고 있어요. 무엇보다 자연을 극복의 대상이 아닌 공존의 대상으로 인식하고 있는 태도로서 매우 중요한 일이라고 할 수 있지요. 여러분이 온실가스 줄이기를 생활 속에서 실천한다면 지구의 눈높이에서 세상을 바라보는 넓은 시야를 갖게 되겠지요?

지금 세계는 지구 온난화로 인해 가뭄이나 지진 한파 등의 이상기후 현상이 빈번하게 일어나고 있어요. 지구가 지나치게 더워지는 것을 지구온난화라고 부릅니다. 우리가 화석원료를 에너지로 사용할 때마다 온실가스 발생량이 늘어나면서 지구의 기온을 높이기 때문이에요. 우리는 지난 100여 년간 석유, 석탄, 가스 등 화석에너지에 의존하여 왔어요. 그만큼 지구의 온도를 높이고 있었던 거예요. 여기에 화석에너지는 머지않아 고갈될 것이라는 예측도 나오고 있어 환경문제는 에너지 위기로까지 이어지고 있는 실정입니다.

푸른 별! 아름다운 지구를 지키는 일은 우리 모두가 바라는 일입니다. 당장이라도 온실가스 줄이기를 생활에서 실천하고 싶겠지요? 물론 그렇게 해야합니다. 하지만 기후시스템에는 '기후변화의 관성'이 작용합니다. 우리가 온실가스 양을 줄이는 노력을 한다 해도 공기 중에 있는 이산화탄소 농도를 예전처럼 되돌리려면 100년에서 300년의 오랜 시간을 기다려야만 해요. 긴 시간을 기다리는 것은 어렵지 않아요. 하지만 그 사이에 우리는 개발을 계속할 수밖에 없어요. 과학과 기술의 발전이 멈춘 지구를 상상하는 것은 불가능하기 때문이지요. '지속 가능한 개발'이라는 말은 그런 의미에서 중요하게 고려해야할 부분입니다.

여러분도 지구 온난화로 인해 삶의 터전을 잃고 난민이 되어 힘든 삶을 이어가고 있는 투발루 섬의 원주민 얘기를 들어 본 적이 있지요? 지구 온난화는 기후변화에 대처할 기술과 돈이 매우 부족한 가난한 나라 사람들의 생존마저 위협하고 있습니다. 우리가 함께 기후변화의 책임을 지지 않는다면 어느 한 국가나 개인에게 책임을 지도록 하는 것에도 문제점이 발생하게 됩니다.

우리는 자연이 스스로 회복할 수 있는 범위 내에서 환경과의 조화를 이루는 경제 개발을 해야 합니다. 기후변화에 적응하고 기후변화를 완화하기 위해 지속가능한 개발 전략을 세워서 지구의 문제를 공동으로 해결해 나가야 할 것입니다. 다행인 것은 이러한 흐름 속에서 세계는 온실가스 감축을 통한 친환경적 산업을 발전시키는 방법을 마련하여 기후변화와 에너지 문제에 대처하기 위한 국제적 합의를 이루어 냈어요.

온실가스관리컨설턴트는 국제 사회가 지구적 문제를 해결하기 위해 조직적인 연결망을 만들고 한마음으로 협동하자는 뜻으로 생겨난 직업 분야입니다. 자 그럼 온실가스관리컨설턴트에 관한 궁금증을 하나하나 풀어가야 겠어요. 그러려면 온실가스관리컨설턴트가 유망한 미래직업으로 주목받게 된 배경부터 살펴보아야 하겠지요?

'지속 가능한 개발'을 위한 온실가스감축정책의 범지구적 협력

〈출처: 어린이 기후변화교실(「웹툰」 https://www.gihoo.or.kr/portal/child/main/index.do)〉

온실가스컨설턴트는 1992년 UN의 '기후변화협약'에 따른 세계적인 요구에 부응하기 위해 탄생된 직업이에요.

이러한 생각이 모아져 국제사회는 1997년 온실가스 감축에 대해 법적으로 구속력이 있는 국제 협약인 '교토의정서'를 통해 온실가스 감축의 구체적인 방법을 의정서에 분명히 명시하였어요. 나아가 시장경제의 원리를 도입하여 '탄소 배출권 거래제'를 실시하기로 하였습니다.

그리고 2015년에는 2020년 이후에 적용할 새로운 기후협약을 채택하였는데 이른바 신기후체제라 불리는 '파리협약'입니다. 온실가스 배출에 책임이 있는 모든 나라가 지구의 평균 온도가 2.5C이상 상승하지 않도록 온실가스 배출의 책임을 나라별로 차별화하여 의무를 지기로 합의한 것이지요.

이에 세계는 배출권 거래제도 및 청정개발체제 등 온실가스 감축을 위한 국가의 정책을 마련하고 온실가스 감축과 관련된 산업이나 기술을 개발하기 위해서 많은 노력을 기울이게 되었습니다.

온실가스관리컨설턴트가 되면 온실가스 감축정책을 원활하게 시행하기 위해 국가나 기업의 온실가스 감축활동을 관리하는 총체적인 업무를 담당합니다. 즉 산업 분야에서 에너지를 효율적으로 사용하기 위해 개선해야 할 점을 찾고 해결 방안을 제공하거나 탄소 배출권 거래 등 경제 분야에까지 광범위한 부분을 도맡아 일하게 되지요.

다시 말해 온실가스관리컨설턴트는 정부의 에너지 목표관리제나 배출권거래제도와 같은 규제에 대응하기 위해 기업이 갖춰야 할 이론적 기본 사항을 조언하고 기업이 실무에 필요한 직접적 의사결정 등을 컨설팅하기 때문에 산업 전반의 다양한 분야에서 활동할 수 있습니다.

좀 더 구체적으로 알아볼까요?

먼저 정부기관에서 활동하는 컨설턴트는 온실가스 감축정책을 기획하고 설계합니다. 또 운영방법 및 정책을 시행했을 때의 기대효과 등을 자문하여 정책이 원활히 시행되도록 꾸준히 관리합니다.

둘째. 산하기관에서 활동하는 컨설턴트의 경우 정부의 정책에 대응하여 기업이 갖추어야 할 구체적인 업무를 개발합니다.

마지막으로 기업체에서 일하는 컨설턴트는 온실가스 배출량을 산정하고 관리체계를 만들어 온실가스 감축방안을 위한 전략을 마련합니다. 또한 기업이 해외에 진출하게 될 경우 국제적 안목을 갖추어 국제 기준에 맞는 규제 대응에 필요한 전문정보를 적절히 제공하고 자문하는 역할을 하게 됩니다.

훈련과정 및 자격

온실가스관리컨설턴트가 되려면 글로벌 인증기관이나 우리나라 정부기관에서 운영하는 전문 교육과정을 이수해야 해요.

한국 환경공단에서는 '온실가스관리 전문인력 양성과정'과 환경 및 화학공학 등의 전공자를 대상으로 온실가스 전반에 관한 전문교육을 실시하고 있고 국립 환경인력 개발원에서 제3자 검증에 따른 '검증심사원'을 양성하여 우리나라 온실가스 에너지 목표관리제에서 요구하는 자격과정을 운영하고 있습니다.

그리고 산업 통상 자원부는 주로 기업의 실무자를 대상으로 온실가스 에너지 목표관리제 및 배출권거래제에 대응하기 위한 교육을 업종별로 시행하고 있습니다.

이에 따라 환경부는 2014년 9월 '온실가스관리 기사', '산업기사' 자격시험을 통해 온실가스관리 분야 전문가를 본격적으로 배출하기 시작했고 앞으로 '온실가스 관리 기술사' 자격을 도입할 계획에 있어요. 또한 민간으로는 (사)환경 컨설팅 협회에서 '기후변화 대응 전략 수립 교육' '국가 인적자원 컨소시엄−배출권 거래제 실무자 양성과정'을 교육하고 있습니다.

지금까지 복잡한 자격증과 전문가 양성과정을 보면서 지구 온난화를 줄이고 환경을 지키고자 했던 꿈을 지닌 친구들에게는 잠깐의 어려움이 느껴졌을 지도 모르겠는데요. 하지만 위의 자격과정을 공부하고 취득하게 되는 때는 여러분이 한참을 학교에서 공부하고 난 다음이랍니다. 중요한 것은 자신이 생각하는 진로가 직업에서 어떻게 나타나는 가를 꼼꼼히 살피는 태도가 필요하지요. 자신을 믿고 꾸준한 자세로 공부해 나간다면 여러분의 실력도 나날이 성장하게 될 테니까요.

02 누구에게 어울릴까

흥미와 적성

온실가스관리컨설턴트가 되려면 온실가스를 관리하는 업무에 필요한 기술과 공학 분야의 과학적인 공부를 필수로 해야 합니다. 또 전략 및 의사결정 능력에 요구되는 사회학적, 인문학적 소양을 두루 갖추어야 기업 경영의 컨설팅을 원만히 수행할 수 있겠지요? 구체적으로 살펴보면 공학의 환경과 에너지에 대한 지식을 습득하기 위해 대학에서 이공계 관련 학과를 전공하는 것을 권장하며 또 정부의 온실가스관리 규제에 따른 정책과 제도에 대한 충분한 이해가 있어야 하므로 경영, 경제, 회계지식 등 사회과학적 지식을 수반하는 것이 좋습니다. 점점 복잡하고 다양해지는 현실 문제에 여러 분야의 학문들이 연구의 성과를 공유하면서 새로운 방법으로 문제에 접근할 수 있는 지식을 갖추는 것이 바람직하다고 볼 수 있어요.

온실가스관리컨설턴트의 국내 모습

온실가스관리컨설턴트는 온실가스 관리를 통해 친환경 산업을 발전시키는 활동이라는 점에서 미래 사회를 책임지는 기획가로서의 자부심이 큽니다. 우리나라에서 '온실가스관리컨설턴트'라는 직업은 2005년 CDM(청정개발체제) 사업과 더불어 등장하였어요. 현재는 파리협약에 따라 국가 온실가스 감축목표를 달성하기 위해 활발한 활동이 진행 중에 있답니다.

국내에서 온실가스 배출 규제가 강화됨에 따라 컨설턴트의 수요가 증가하고 있고 업무의 전문성 또한 나날이 강조되는 상황이에요. 또한 기업의 입장에서 보면 온실가스를 관리하는 일은 비용을 줄일 수 있기 때문에 기업의 부가적인 이윤을 창출한다는 측면에서 매우 중요하지요. 나아가 지구온난화를 완화하여 환경을 보호한다는 점은 기업이 사람들에게 기업의 이미지를 긍정적으로 심어 주기 때문에 기업이 사회적 책임을 지켜나가는 것으로도 의미가 있어요.

이에 따라 우리나라 환경부는 전국에 검증기관을 지정하여 운영하고 있어요. 하지만 현재까지 온실가스 관리 전문 인력은 그 수가 부족한 실정이기 때문에 민간 환경컨설팅기관이나 검증기관에서 온실가스 관리에 필요한 유사 직업을 수행하고 있습니다. 따라서 향후 온실가스 배출권거래제도가 활성화 되는 단계에 이르면 온실가스관리컨설턴트의 진출 분야는 정부를 비롯해서 지자체에 이르기까지 더욱 다양해질 전망이에요.

해외에서는 주로 대학에서 환경과 공학 분야의 학위를 소지하거나 학부 이상의 교육을 마친 전문 인력이 정부 또는 민간 기업에서 활동하고 있어요. 이 때문에 환경 및 공학 전공자가 활발하게 진출하고 있습니다. 직업 관련 교육은 국제 인증기구가 자체 프로그램을 개발하여 온실가스 관리를 위한 내부 심사원 양성 및 전반적인 활동을 교육하고 있어요.

영국의 영국표준협회(BSI)는 기업의 온실가스 회계 기초를 개설하여 운영하고 있으며 미국 GHG의 온라인 교육프로그램은 탄소시장 전반에 대한 이해와 온실가스 관리 및 CDM(청정개발체제)사업 및 검증방법 등을 교육하고 있습니다. 스위스에 본부를 두고 있는 다국적 표준 인증기구(SGS)에서는 연간 교육과정으로 탄소회계 및 온실가스 인벤토리를 실시하고 있으며 다수의 대학에서 석사과정 및 박사과정을 운영하고 있습니다.

각 나라들은 온실가스 관리 정책을 통해 에너지의 효율성을 증대시키려는 노력을 비롯해 신재생 에너지나 청정에너지 개발 등의 산업 분야로 그 영역을 확대시킬 계획에 있어요. 에너지 정책이야말로 국가 발전의 경쟁적 위치를 우선하여 점유할 수 있는 중요한 문제이기 때문입니다.

03 진로독서 함께 해요

제1도서 진로독서 활동(초등용)

도서	2120년에서 친구가 찾아왔다	도서정보	안야 스튀르처 / 2016 푸른숲주니어

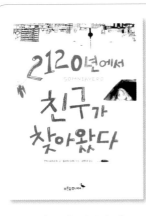

'지구 온난화로 인한 생태계 파괴가 가져올 환경의 재앙을 경고하는 미래 소설'

《2120년에서 친구가 찾아왔다》는 '시간 여행'이라는 흥미로운 소재를 통해 지구 온난화가 가속화 된 2120년, 더 이상 돌이킬 수 없는 생태계의 파괴가 일어난 지구의 모습을 상상하며 쓴 이야기에요. 지금 지구는 지구 온난화로 심각한 몸살을 앓고 있습니다. 지구의 평균 기온이 상승하여 빙하가 녹아내리면서 투발루 섬이 사라졌고 지도에서 모습을 감출 위기에 있는 곳이 늘어나고 있어요. 만약 지구 온난화와 생태계 파괴가 이대로 계속된다면 인류의 미래는 어떻게 될까요? 소설처럼 과거와 미래를 마음대로 다닐 수 있게 된다면 과거로 돌아가 미래의 문제를 미연에 방지할 수 있을까요? 문제 해결에 앞서 우리가 생각해봐야 할 것은 없을까요? 중요한 모든 것은 지금 우리의 모습에서 결정될 것입니다. 우리가 현재를 어떻게 사느냐에 따라 미래는 충분히 달라질 수 있기 때문입니다. 결국 이 책은 미래를 바꾸고 싶다면 가장 좋은 방법은 지금 바로 행동하는 것임을 시간 여행을 통해 이야기하고 있습니다.

3단계별 이야기식 진로독서 활동

가. 배경지식으로 찾아보기

📢 지구온난화에 대해 들어 본 적이 있나요? 자신이 알고 있는 지구 온난화에 대해 말해 봅시다.

📢 사계절이 뚜렷한 것이 장점인 우리나라의 기후도 변화하고 있어요. 여러분, 여름의 폭염과 겨울의 한파 그리고 짧아지는 봄과 가을을 떠올려 봅시다. 기후와 관련된 최근의 변화 중 날씨와 관련된 경험은 무엇이 있나요?

📢 2120년 인류는 지구온난화로 위기를 맞게 됩니다. 그로 인해 벌어진 많은 사건 중에서 인상에 남는 부분은 무엇인가요?

📢 2120년 지구에는 부유한 사람들과 가난한 사람들이 다른 환경에서 살아가게 됩니다. 이들이 겪는 갈등의 모습이 어떠했는 지 구체적으로 이야기 해 봅시다.

📢 이 책은 지구 온난화로 인해 생태계가 파괴되는 지구의 운명을 안타깝게 그려내고 있어요. 우리가 자연과 함께 살아가려면 기후 변화로 인한 환경 파괴를 멈추고 자연과 함께 살 수 있는 방법을 생각해 보아야합니다. 여러분이 환경을 지키기 위해 생활 속에서 실천하는 것들은 무엇인가요?

찬반형 진로독서 활동

　위의 이야기에는 시간여행을 통해 미래에 닥칠 위험을 해결하고자 합니다. 과학과 기술이 발전하면 상상이 곧 현실이 될 수도 있지 않을까요? 과학이 발달하여 지구의 문제를 해결하게 된다면 지구온난화로 인한 생태계 피괴를 멈출 수 있을까요? 하지만 그보다 먼저 과학과 기술이 환경을 보호하는 데 어떤 도움을 주고 있는가를 살피는 태도를 가져야할 것입니다. 과학과 기술이 환경 문제를 해결하는 최선의 방법이될 수 있는지 다음의 논제에 대한 자신의 의견을 말하여 봅시다.

　토론 논제 : 환경문제는 과학과 기술로 극복할 수 있다.

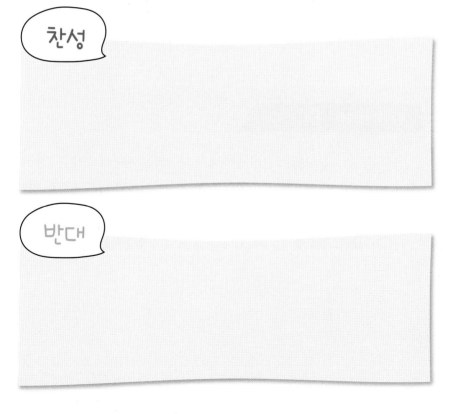

찬성

반대

| 도서 | 북극곰은 걷고 싶다 | 도서정보 | 남종영 / 2009 한겨레출판사 |

'환경 저널리스트가 전하는 자연과 인간을 위한 공존의 메시지'

『북극곰은 걷고싶다』는 환경 저널리스트인 저자가 북극과 남극, 적도 등의 현장을 취재합니다. 그리고 지구온난화로 인해 사라져가는 것들과 나눈 진솔하고 감동적인 이야기를 기록합니다. 저자는 북극권 알래스카(아크틱빌리지, 배로, 카크토비크), 캐나다의 허드슨만, 남태평양 투발루, 뉴질랜드 오클랜드, 남극 킹조지 섬, 우리나라의 강원도 고성 등 지구온난화의 최전선 8곳을 직접 다니면서 자연과 인간의 변화상을 기록했습니다. 지구 환경의 실태를 종합적인 취재와 섬세한 분석으로 담아낸 이 책은 한국 작가가 쓴 최초의 지구온난화 현장 보고서로서 지구온난화로 인해 생의 터전을 잃어가는 동물과 사람들의 이야기를 생생하게 전하고 있습니다.

3단계별 이야기식 진로독서 활동

🔊 지구온난화로 인한 환경파괴의 심각성에 대해 알고 있나요?

🔊 세계 자연보호 연맹에서는 지난 10년 동안 북극곰 개체 수가 절반 가까이 감소한 것을 확인했어요. 매년 2월27일은 '국제 북극곰의 날'로 정하여 멸종 위기의 북극곰을 지켜내기 위해 노력하고 있습니다. 북극곰이 북극생태계의 중요한 지표라는 것을 알고 있나요?

📢 인간은 느끼지 못할 미약한 온도이지만 우리나라 동해의 수온이 0.8도
가 오르자 동해안의 명태가 사라졌습니다. 자세한 원인을 책에서 찾아
말해볼까요?

📢 남태평양 투발루의 주민들은 뉴질랜드 오클랜드로 이주하여 살아가고
있습니다. 그러나 기후난민으로 이주노동자의 처우를 받으며 딸기농장
에서 값싼 임금을 받으며 일을 합니다. 나라를 잃은 슬픔을 이겨내기도
힘든 상황에서 기초생계를 걱정하고 차별을 겪어야만 해요. 기후 변화
로 고통 받는 기후 난민의 삶에 어떠했는지 말해봅시다.

📢 개발이 유예된 남극을 보호하기 위해 어떤 노력이 전개되고 있는 지 알아봅시다.

📢 지구 온난화로 인해 북극 생태계가 어떻게 바뀌었는지 북극 생물과 에스키모인의 실상을 중심으로 알아봅시다.

찬반형 진로독서 활동

🔊 토론해봅시다.

　'둠(Doom)'이란 '종말', '파멸'이라는 뜻이에요. 세상의 끝을 상상하게 만들다니 겁부터 납니다. 그런데 둠 투어(Doom-tour)는 지구온난화 등으로 인하여 앞으로 100년 내에 지구에서 사라지거나 원래의 모습을 잃을 위험에 처한 곳을 찾아다니는 친환경 여행을 말합니다. 이 책에서 글쓴이는 부록으로 '둠 투어'(Doom Tour) 가이드(위치, 역사, 교통, 숙박, 투어, 인터넷정보 등)를 소개하면서 지구온난화의 피해를 입고 있는 곳을 찾아보며 환경을 지켜나가기 바라는 간절한 마음을 전하고 있지요. 하지만 몇몇 환경론자들은 여행객들이 이용하는 제트기와 선박, 차량이 배출하는 온실가스가 오히려 환경을 파괴하고 온난화를 가속시킨다며 비난하기도 합니다. 여러분은 둠 투어에 관해 어떤 생각을 하고 있나요? 다음의 논제에 대해 자신의 생각을 정하여 토론해 봅시다.

📢 논제: 둠 투어(Doom-tour)는 지구온난화의 경각심을 일깨우는 친환경 여행이다.

〔찬성측 매체자료〕

2100년 여름에는 북극해의 빙하가 녹고, 해수면 상승으로 키리바시(Kiribati)와 같은 남태평양의 섬나라와 인도양의 몰디브섬이 사라지고, 중국 상하이, 아르헨티나 부에노스아이레스 같은 도시들이 침수 위험에 놓이는 것으로 나타났다. 국내에서는 2011년 말 완공을 목표로 한 4대강 사업으로 인하여 상당 구간의 자연이 파괴될 위험에 처해 있는 4대강을 돌아보는 여행을 둠 투어로 이름 붙일 수 있다.

이처럼 기후 변화의 영향으로 언제 사라질지 모르는 위기의 여행지들을 돌아보는 둠 투어 상품 중에는 수천만 원에 이르는 경비를 들여 2주일 동안 남극을 순례하고, 갈라파고스섬에서 카약과 스노클링을 하고, 아마존 밀림에서 원시적인 통나무집 생활을 하는 상품들도 있다. 〈뉴욕타임스〉는 둠 투어 활성화의 원인을 머지않아 사라질 장소를 마지막으로 목격하고자 하는 탐험 본능에서 찾았다.

〈출처: Doom-tour (두산백과)〉

반대

〔반대측 매체자료〕

지구온난화로 곧 사라질 현장을 둘러보고, 최후의 모습을 담아오는 '둠 투어(Doom-tour)' 상품이 뜨고 있다고 한다. 언제 사라질지 모르는 '위기의 여행지'를 찾아가 풍광을 감상함이 인간들에게는 살아있는 동안 잊을 수 없는 추억거리가 될 수 있을 것이다.

하지만 사람들의 호기심이 자연의 최후를 앞당기고 있다. 오지로 이동하는 비행기, 보트, 차량이 배출하는 온실가스와 여행객들을 위한 호텔이나 도로 건설이 바로 온난화를 부르기 때문이다. 인간이 몰려가면 자연은 죽는다. '임종 구경'을 다니고 있는 인간들은 자연의 주검을 확인해야만 이 '야만적인 순례'를 멈출 것이다.

수수만년 내려온 자연이 우리 시대에 사라지고 있는데 지구 위의 인간은 지금 무얼 하고 있는가. 지구상의 나라들은 온실가스 감축 시늉만 내고, 잘사는 사람들은 무너져내리는 자연 앞에서 사진이나 찍고 있다. 하지만 인간도 예외는 아닐 것이다. 바다코끼리처럼, 펭귄처럼 삶의 터전을 잃을 것이다. 어느 날 한 지점에 모여 비명을 지를 날이 올 것이다. 그러면 외계인들이 창백한 지구로 '둠 투어'를 올 것이다.

〈출처: 김택근 논설위원 2007.12.18.〉

📢 다음 기사 내용을 보고 물음에 답해 보세요.

영화 속 그곳은 얼마나 추울까

올해 유달리 심하게 추운 날이 많고 길었던 것은 북극의 이상고온 때문이라고 한다. 한반도 북쪽 상공에 형성된 저기압이 한 자리에 머물면서 회전문이 돌듯 제자리를 빙글빙글 돌았고 이 바람을 타고 북극의 찬 공기가 한국에 몰아쳤다. 북극 기온이 올라가면서 북극의 찬 공기가 아래 지역으로 흘러내리지 않도록 막아주는 제트기류도 힘을 잃었고 댐이 터지듯 차가운 공기가 중위도까지 몰아쳤다.

지금처럼 북극 얼음이 계속 녹고 지구 평균기온이 올라간다면 어떻게 될까. 2004년 개봉한 미국 영화 〈투모로우〉는 극지방의 빙하가 녹아 해류의 흐름이 바뀌고, 결국 급격한 기후변화가 일어나 북반구가 빙하로 뒤덮이는 미래를 그린다. 미국 정부는 남쪽으로 이동하라는 대피령을 내리고, 피난민들은 미국 남부를 지나 멕시코까지 몰려가고 멕시코에는 미국인들로 가득찬 거대한 난민캠프가 생긴다. 영화 속에서는 기온이 급강하하면서 스코틀랜드 상공을 날던 헬리콥터 연료가 얼어 추락하고, 차 안에 있던 사람이 그대로 얼어 죽는다. 실외에 있는 모든 것이 얼어붙고, 한기가 무시무시한 속도로 주인공을 쫓아오면서 주위가 순식간에 얼어붙기도 한다.

영화처럼 단 몇 주 안에 지구가 꽁꽁 얼어붙을 정도로 급격한 기후변화가 일어나지는 않겠지만, 매년 반복되는 북극 한파는 〈투모로우〉 속 재난과 유사한 측면이 많다.

〈출처: 경향신문 2018.02.16 남지원 기자〉

「영화」 투모로우 The Day After Tomorrow , 2004

감독: 롤랜드 에머리히

미국 북부 지역에 최근 영하 50도에 가까운 극강 한파가 찾아와 나이아가라 폭포가 어는 사건이 발생했어요. 체감온도는 영하 70도에 가까웠구요. 그 피해의 규모가 엄청 나자 파리협약에서 탈퇴를 선언했던 미국의 트럼프 대통령은 경제적 쟁점을 내세워 온실가스 감축활동에 대해 우호적인 태도변화를 보여줬어요. 전문가의 의견을 빌리자면 지구 온난화로 인한 미국의 위험상황을 감지하고 이상기후 현상을 더 이상 방관할 수 없는 문제로 인식했기 때문이라는 의견으로 분석되고 있습니다. 얼마 전 우리나라 강원도도 영하 20도의 강추위를 기록해 올 겨울 가장 추운 날씨를 기록했지요. 어쩌면 이 기록은 해마다 갱신되면서 사람들을 놀라게 할 지도 모릅니다. 지구촌은 추위와 폭설 등 한파로 인한 피해로 두려움을 겪고 있어요. 영화의 한 장면처럼요.

영화 '투모로우'에서 주인공 잭은 해양 온도가 13도나 떨어졌다는 소식을 듣게 되고 자신이 예견했던 빙하시대가 곧 닥칠 것이라는 공포를 느끼게 됩니다. 하지만 점점 더워지는 지구가 보내는 위험 신호에 대한 인류의 태도는 영화 속에서도 영화적 상상력이라고 가볍게 넘기고 맙니다. 그리고 인간은 자연의 대재앙 앞에서 속수무책인 상황에 처하게 됩니다. 기

후학자들은 북극이 더워지면서 북극의 찬 공기가 중위도 지역으로 내려오고 또한 열대 태평양에서 해수면 온도가 낮아지는 라니냐 현상으로 인해 중위도 지역의 강추위를 발생시켰다고 분석하면서 한파의 원인을 북극 온난화에서 찾고 있어요. 실제로 최근 지구의 평균 온도가 매해마다 최고 기록을 갱신하고 있습니다. 한파, 폭염, 가뭄, 홍수 등 이상기후 현상이 보고되면서 인류는 영화가 아닌 현실에서 지구온난화의 역풍을 겪고 있는 것일지도 모릅니다.

가) 이 영화는 2004년 개봉될 당시 관객들로부터 많은 관심을 받았습니다. 최근에 한파로 일어난 피해사례를 보면 영화 속 대사를 재현한 듯 실제와 가깝습니다. 여러분이 이 영화를 보고 느낀 점은 무엇인가요?

나) 영화에서 주인공은 인류의 재앙을 예고합니다. 과학적 근거가 무엇이었나요?

다) 만약 여러분이 잭의 상황이라면 어떻게 대처했을 지 이야기해 봅시다.

온실가스관리컨설턴트는 환경 분야에 관심이 있으면서 기업 또는 국가의 지속가능한 발전에 실질적으로 이바지할 수 있는 직업 분야입니다. 다음은 유종익 한국 기후변화 대응 연구센터 녹색 사업부 부장과의 인터뷰를 통해 온실가스관리컨설턴트의 실무에 대한 궁금증을 풀어볼까요?

[창직 인터뷰]

유종익
한국기후변화대응연구센터 녹색사업부 부장

Q) 온실가스관리컨설턴트를 시작하게 된 동기는 무엇이었나요?

A) 학업을 마치고 미국 환경보호국에서 화석연료 연소에 따른 오염물질 배출제어에 대한 연구를 하였습니다. 2006년에 귀국해서는 온실가스와 관련된 국내외 동향과 이에 따른 대응방안에 관심을 가져야겠다고 깨달았고, 동시에 컨설턴트라는 직업군을 알게 되면서 온실가스관리컨설턴트로 활동하게 되었습니다. 2007년도만 하더라도 국내에 온실가스 관리라는 것이 생소한 분야여서 기존에 환경이나 에너지 분야의 전문가가 관심을 갖는 수준이었습니다. 저 역시 환경과 에너지에 대한 기본지식이 있었던 터라 조금 수월했습니다.

Q) 현재는 어떤 일을 하고 계신가요?

A) 정부 및 지방자치단체, 공공기관, 민간기업 등을 대상으로 온실가스 및 에너지 관리를 위한 컨설팅을 하고 있습니다. 고객의 요구사항은 정부의 온실가스 규제 방향이나 국제동향 등에 따라 다소 차이가 있습니다. 예를 들어, 정부 기관은 온실가스 관련 정책을 추진하기 위한 정

책의 세부사항 연구를, 정책 대응이 필요한 공공 또는 민간기업은 정책에 대응하기 위한 방안 및 준비사항, 관리체계 등을 원합니다. 이처럼 대상마다 요구가 다르기 때문에 그에 맞춰 컨설팅을 제공하는 것이 관건입니다.

Q) 이 직업의 힘든 점과 보람에 대해 말씀해주세요.

A) 온실가스 관리라는 업무의 특성상 다수의 이해관계자를 고려해야 합니다. 2010년부터 온실가스 규제 정책 및 제도가 본격적으로 시작되었고, 규제 방식도 변화하고 있습니다. 그렇기 때문에 정책적 결정이 변경되는 경우 업무를 다시 정립해야 하거나 이해관계자들의 의견을 수렴하고 설명해야 하는 경우가 자주 발생할 수 있습니다. 온실가스 배출권거래제도가 시행됨에 따라 고객의 요구사항도 달라지고 있습니다. 따라서 끊임없이 새로운 업무에 대한 준비와 분석이 필요한 것이 어려운 점이라고 할 수 있습니다. 더불어 보람이라면 새로운 정책에 대한 구체적인 해결 방안을 제시하고, 분석한 내용을 고객에게 전달해 만족을 이끌어내는 것이라고 할 수 있습니다.

Q) 앞으로 우수한 인재들이 많이 도전할 것 같습니다. 조언을 해주신다면요?

A) 어떤 직업이라도 시작이 고생스럽지 않은 경우는 없습니다. 온실가스 관리컨설턴트는 대학 졸업이나 현장 1~2년 정도의 경험을 가지고 시작하기에는 배워야 할 것들이 너무 많습니다. 또한 고객에게 정확한 정보를 제공하기 위해 끊임없이 공부하고 노력해야 하는 업종 중 하나입니다. 때문에 무엇보다도 업무에 대한 열정과 각오, 새로운 정보 습득에 대한 근면함이 필요합니다. 정부의 정책이나 세계 동향을 보더라도 화석연료에 대한 의존을 줄여나가야 하고 또한 기술적 요소뿐만 아니라 경영적 요소를 포함하고 있기 때문에 적용 분야가 상당히 넓은 직종입니다.

에너지 경영 컨설턴트 및 심사원, 온실가스 검증심사원, 배출권거래 전문가 등 다양한 직업으로 전환 및 겸업이 가능합니다. 따라서 이 분야에 관심이 있다면 직업 선택에 있어 미래지향적 사고로 임하고 유사한 직업들도 같이 탐색하는 자세가필요합니다.

(이미지 및 내용출처: 2014 신직업 육성 추진 계획 '미래를 함께 할 새로운 직업', 한국고용정보원)

04 나는 '온실가스관리컨설턴트'에 얼마나 적합한 사람일까?

(사전 적합도 평가)

📢 다음 물음에 따라가며 자신의 적성을 파악해 보세요.

1. 아래 내용을 읽고 자신의 성격 특성과 가깝다고 생각하는 것에 O표 하세요.

생활 속에서 에너지 절약을 실천한다.	환경에 관한 주제로 진로 활동을 한 적이 있다.	지구 온난화의 심각성을 알고 있다.	이상기후 현상을 원인과 해결의 시각에서 바라본 적이 있다.
자연과 생태에 관한 책을 읽는다.	단체 활동에서 자신이 맡은 역할에 책임감이 있다.	주변 사람들과 의견 충돌이 있을 때 대화와 타협을 잘 한다.	아이디어가 풍부하고 창의적이다.
과학과목을 공부하는 것을 좋아하고 과학 관련 잡지를 구독한다.	실험이나 관찰을 할 때 끈기와 인내심을 발휘한다.	어떤 일의 결과보다 과정에서의 성실함을 더 중요하게 생각한다.	논리적이고 분석적인 편이다.

3. 표시한 개수를 합하여 아래의 직업 적성도를 파악해 보세요.

적성도 A등급 (9개~12개)	적성도 B등급 (5개~8개)	적성도 C등급 (0개~4개)
당신은 환경과 에너지에 관해 충분한 관심과 직업 적성의 자질을 갖추었군요. 아름다운 지구의 미래는 당신의 노력에 달려 있어요.	가능성을 무기로 온실가스관리컨설턴트라는 직업에 관해 적극적인 관심을 가져 보기를 희망해요. 지구를 지키는 수호자의 모습이 보입니다.	환경과 에너지에 관해 그동안 관심은 있지만 다른 사람의 일이라고 무심히 넘겼던 적은 없는지요? 지금부터 자신의 일로 가깝게 여겨 봅시다. 시작이 반이거든요.

* 직업 적합도 평가는 주관적인 체크리스트이므로 참고 자료이지 절대적인 것이 아닙니다. 직업이 갖는 목적과 의미를 생각하며 원하는 마음이 생겼다면 관련 역량을 기르기 위해 꾸준히 노력하는 것이 더 중요하겠지요.

05 관련 도서 소개

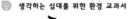

지구가 뿔났다 / 남종영 /
2013 꿈결

이 책은 미래의 지구를 이끌어갈 청소년들을 위한 환경교과서입니다. 이상 기후와 멸종 사태, 동물 복지, 환경 파괴, 식품 문제 등 환경 문제의 쟁점을 두루 살피고 있으며 가습기 살균제나 원자력 발전소, 해양 쓰레기, 4대강 사업과 같은 시사적인 환경 이슈들도 함께 엮어 환경문제를 청소년들의 눈높이에 맞게 풀어냈습니다. 과학적 원리와 사회적 관심사 등 여러 학문 분야를 넘나들며 지식을 쉽게 풀어줌으로써 미래 환경을 삶의 터전으로 삼아야 할 청소년들에게 지구와 환경에 관한 이해를 돕고 환경 문제에 대해 깊이 생각해 볼 수 있도록 하였습니다.

어린이를 위한 우리의 선택 /
엘 고어 / 2012 주니어 중앙

미국의 전 부통령이었던 앨 고어는 《어린이를 위한 불편한 진실》을 통해 지구 온난화의 심각성과 실상을 전 세계에 알리는 데 온 힘을 기울이고 있습니다. 그의 《어린이를 위한 우리의 선택》은 그가 지구 온난화의 위기를 극복하기 위해 우리가 해야 할 17가지 선택과 실천에 대해 구체적으로 밝힘으로써 지구온난화의 문제를 인류 공동의 문제로 인식하여 함께 해결나가기를 바라는 마음을 담았습니다. 화석연료를 대체할 청정에너지의 가능성과 실효성, 이산화탄소 배출을 실질적으로 줄일 수 있는 과학적이고 현실적인 에너지 절약 방법, 인구 증가나 탄소세에 대한 사고방식의 전환 등 우리가 직면한 환경 이슈에 대해 우리가 어떤 입장을 가지고 어떻게 선택해야 할 지 이야기합니다.

그린 스마일 1,2,3 / 권혁주 / 2013 세미콜론

네이버 웹툰 중 본격 친환경 권장만화로 명성 높은 『그린스마일』이 단행본으로 완간되었습니다. 실제 사건들에 기반하고 있으며 그 사건들은 우리도 익히 알고 있는 최악의 해양오염 재난인 엑손 발데즈 유조선 침몰, 태평양 한가운데의 거대한 쓰레기섬, 아마존 삼림파괴 현장의 용역 헌터들에 대항하는 원주민들의 투쟁들이 포함되어 있다. 단행본화를 위해 1년간 재편집 작업을 거친 『그린스마일』은 웹툰과는 전혀 다른 느낌의 읽는 재미를 선사합니다. 작가는 '환경과 자연보호'라는 만화로 다루기에 결코 쉽지 않은 테마를 위해 귀여운 동물 캐릭터들을 주인공으로 정했지만 결코 가볍지 않은 생각을 담고 있습니다.

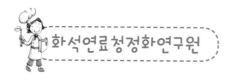
화석연료청정화연구원

화석연료청정화연구원은 석탄, 석유 등의 화석연료를 깨끗하고 부가가치가 높은 연료로 만드는 기술을 연구 개발하는 직업입니다. 민간 연구소나 공공연구소에서 일하며 국내외의 논문을 토대로 학술적 연구 및 해외 기술동향과 국가별 정책 등을 탐색하여 연구 과제를 세우고 실험을 통해 상용화를 위한 지원업무를 담당하거나 민간 기업을 교육하여 기술을 이전해 주는 역할을 합니다. 이 분야의 연구 전문가는 실험업무 외에 기업체를 상대로 강의를 하거나 국제 교류를 담당합니다.

화석연료청정화연구원이 되기 위해서는 대학교에서 화학공학, 기계공학, 환경공학 등을 전공하는 것이 좋습니다. 전체 공정을 설계할 수 있는 프로세스 엔지니어링에 대한 지식과 컴퓨터시뮬레이션, 오토캐드 등을 다룰 수 있어야합니다. 전공 석·박사 학위 소지자는 에너지 관련 대기업 연구소나 발전소 및 공공연구소 등에서 연구원으로 근무하고 학사 출신들은 민간 기업에서 엔지니어로 일을 하게 됩니다. 지구온난화에 대응하기 위해 세계는 탄소배출 감축안 등 국제 공조를 강화하고 있는 한편 새로운 성장산업인 녹색산업을 선점하기 위해 치열하게 경쟁하기도 합니다. 우리나라는 화석청정화 연구를 신 성장동력 산업으로 선정하여 제도적 재정적 지원을 아끼지 않고 있습니다. 화석연료 청정화분야는 현재 상용화를 위한 기술적 완성도가 낮은 편이고 산업화 초입단계이기 때문에 앞으로 인력수요는 더욱 증가할 전망입니다.

기상컨설턴트

우리나라 산업의 약 70% 정도가 날씨와 연관된 직종이라는 통계결과가 있습니다. 기상예보를 산업의 특성에 맞게 분석하고 서비스 전략을 기획하는 직업이 '기상컨설턴트'입니다. 기상컨설턴트는 '맞춤형 날씨서비스 전문가'로서 기상정보를 원하는 기업의 요구를 정확히 파악해 그 해결책을 제시하는 업무를 담당 합니다. 이상기후 현상이 빈번해지면서 기후정보의 사회적 · 경제적 가치가 중요해지고 기후 예측은 매 계절 정부의 에너지의 수급 대책이나 기업의 냉난방기의 생산량 예측 등 산업 분야에 중요한 정보를 제공합니다. 아직 우리나라는 기후정보 활용이 미국이나 일본에 비해 미약하지만 선진국에서는 이미 기후정보 관련 거래가 활발하게 이뤄지는 등 산업 전반에 적극 활용되고 있습니다.

기상 컨설턴트가 되려면 자연과학 이론과 대기 현상을 파악할 수 있는 전문 지식과 언어능력, 수리능력 등이 요구됩니다. 최근의 기상 분야가 지구 시스템적 영역으로 확장됐기 때문에 지구 환경과 생태계에 관심이 있고 환경 분야에 적성이 있는 사람에게 유리합니다. 또 대학에서 대기과학과, 지구환경과학과, 지구환경시스템공학과, 지구환경보전학과 등 전공하는 것이 유리하며 여기에 경영학, 마케팅, 응용통계학 등의 지식을 겸비하면 좋습니다. 기상과 관련하여 기상기사 및 기상예보기술사의 자격증과 기상 예보사 면허가 있습니다. 그 중 기상 예보사 면허 취득자는 민간 기상관련 기업이 업종별 기상 예보사를 의무적으로 고용해야하기 때문에 취업에 유리한 점이 있습니다.

환경과 에너지

• 기후변화 홍보포털 http://www.gihoo.or.kr/portal/index.jsp
• 엘 고어 NGO 기후프로젝트 www.sgf.or.kr
• 온실가스 종합정보센터 http://www.gir.go.kr/home/main.do
• 환경부 http://www.me.go.kr/home/web/main.do
• 한국에너지공단 http://www.energy.or.kr/web/kem_home_new/new_main.asp
• 창의 인성 교육넷 (크레존) www.crezone.net
• 한국 청소년활동 진흥원 https://www.kywa.or.kr/

참고 도서

• 기후변화, 지구의 미래와 희망은 / 디냐르 고드레지 / 이후 / 2007
• 기후커넥션 / 로이 스펜서 / 비아북 / 2008
• 지구온난화의 부메랑 / 문국현 외 / 2007
• 세계미래보고서2055 / 박영숙, 제롬글렌 / 비즈니스 북스 / 2017
• 4차 산업혁명 / 클라우스 슈밥 / 새로운 현재 / 2016
• 소외된 90%를 위한 디자인 / 홍성욱 외 / 에딧더월드 / 2010